Sociologie des tendances

GUILLAUME ERNER

Maître de Conférences

Deuxième édition mise à jour

7ᵉ mille

Victimes de la mode ?, Paris, La Découverte, 2004.
Expliquer l'antisémitisme, Paris, PUF, 2005.
(Avec G. Bronner), *Manuel de nos folies ordinaires,* Paris, Mango, 2006.
La société des victimes, Paris, La Découverte, 2006.

BIBLIOGRAPHIE THÉMATIQUE
« QUE SAIS-JE ? »

Benoît Heilbrunn, *La marque,* n° 255
Armand Dayan, *Le marketing,* n° 1672
Benoît Heilbrunn, *Le logo,* n° 3586
Dominique Desjeux, *La consommation,* n° 3754
Frédéric Monneyron, *Sociologie de la mode,* n° 3757

ISBN 978-2-13-057513-9

Dépôt légal — 1re édition : 2008
2e édition mise à jour, 2e tirage : 2010, avril

© Presses Universitaires de France, 2008
6, avenue Reille, 75014 Paris

« BRIAN. – Ne suivez personne !
Pensez par vous-même : vous êtes des
individus !

LA FOULE. – Oui, nous sommes
tous des individus.

BRIAN. – Vous êtes tous différents.

LA FOULE. – Oui, nous sommes
tous différents ! »

La Vie de Brian,
Les Monty Python.

Pour Côme, nouvelle tendance.

INTRODUCTION

Les tendances sont tendance[1]. Nous voilà intrigués par ces focalisations du désir, par lesquelles des individus différents les uns des autres, sans s'être concertés, se découvrent les mêmes envies. Ces convergences du goût collectif ont par exemple plébiscité le moelleux au chocolat puis les macarons, le tennis puis le golf, les voitures hybrides après les « 4 × 4 ». Les médias accordent une grande attention à ce phénomène, consacrant un large espace à ce que nos contemporains aiment ou... devraient aimer !

Sous leur apparente légèreté, les tendances ne se limitent pas à des phénomènes frivoles et marchands. Les plus réfléchis de nos actes peuvent eux aussi être régis par des modes. C'est par exemple le cas de l'opération qui consiste à choisir le prénom d'un enfant. Les parents mettent tout leur soin dans cette décision qui accompagnera leur progéniture d'un bout à l'autre de leur existence. Certains cherchent à singulariser leur rejeton, d'autres au contraire à lui donner un prénom signant son appartenance à un groupe ; les uns ont recours à leur intuition, les autres aux guides disponibles autour de cette question. Mais au bout du

1. Cet ouvrage porte la trace des discussions menées au cours du séminaire de Castiglione in Teverina. Parmi les participants à cet événement, je tiens à remercier tout particulièrement Corinne Legoy, Michel Soussan, Erwan Martin et Gerald Bronner. Par ailleurs, Ariel Colonomos s'est prêté de bon cœur à l'exercice de la relecture ; Édith Keller a répondu à mes questions avec gentillesse. Marie de Gandt a offert à ce livre son savoir en matière de littérature et de tendances. Enfin, mes éditeurs, Julie Gazier et Paul Garapon, m'ont encouragé par leur bienveillance et leurs conseils.

compte, il existe bel et bien des cycles durant lesquels apparaissent l'engouement puis le désamour vis-à-vis d'un prénom.

Les tendances nous accompagnent désormais dans chacun des domaines de notre existence. De la maison aux vacances, en passant par la gastronomie ou les danses : chaque domaine connaît ce télescopage entre les choix individuels et les goûts collectifs. Tout se passe comme si les désirs du grand nombre étaient désormais régis par une autorité aussi puissante que capricieuse : la mode. Les jeans ont été larges pendant plusieurs saisons ? La tendance leur somme de devenir moulants – *slims* – la saison d'après. Les dandys avaient le visage glabre ? Maintenant ils optent pour le bouc ou la moustache. L'été, la Méditerranée était l'endroit incontournable ; désormais, il faudra préférer l'Atlantique. Et puis un jour, la mode passe ; l'objet tant désiré hier, le *must have,* devient le comble du démodé ; le signe distinctif, objet de toutes les convoitises, se mue en stigmate. Le cimetière des tendances gagne un nouvel occupant.

L'ampleur du phénomène justifie l'existence d'une « sociologie des tendances » destinée à comprendre les conditions de production de ces modes. La discipline qui a en charge d'étudier le corps social doit pouvoir démonter les rouages de cet arbitraire collectif qui régit les goûts du grand nombre. En effet, sous leur apparence frivole, les tendances posent quelques-unes des questions les plus sérieuses de la sociologie. Comprendre les tendances, cela veut dire percer les mécanismes de l'imitation, de la diffusion des goûts et du rôle de marqueur social qu'ils peuvent jouer. Cela suppose également de réfléchir aux mécanismes qui gouvernent les choix individuels : sommes-nous libres d'agir ou bien est-ce le corps social qui nous contraint à prendre certaines décisions ? Enfin, tout phénomène collectif peut-il être traité comme une tendance ? Peut-on parler d'une mode des droits de l'homme comme on évoquerait la vogue de l'huile d'olive ? La tendance bio est-elle comparable à la passion jadis observée pour le communisme ? L'intuition incite à répondre par la négative à une telle question : reste à comprendre ce qui distingue les tendances, et les modes, des autres mouvements cycliques qui s'emparent des peuples, depuis la religion jusqu'aux idéologies.

Il faut parler gravement des sujets légers : cet adage s'applique à merveille à la sociologie des tendances. L'enjeu de l'exercice n'est pas mince : partir à la découverte de nous-même, vérifier la prophétie de Tocqueville selon laquelle la société démocratique vit « dans une perpétuelle adoration d'elle-même »[1].

1. Alexis de Tocqueville, *De la démocratie en Amérique,* t. I, Paris, Vrin, 1990, p. 267.

Chapitre I

QU'EST-CE QU'UNE TENDANCE ?

Le mot « tendance » souffre des maux qui accablent les notions tendance : être à ce point polysémiques qu'ils finissent par désigner une chose et son contraire. Dans le langage quotidien, ce terme trouve des acceptions très différentes. La presse peut ainsi trouver que les yachts privés et les vélos sont tendances, qualifier de la même manière des mouvements minoritaires et d'autres, au contraire, incontournables. En somme, le même mot sert à nommer les mouvements de fond de la société et des phénomènes souterrains peut-être condamnés à rester invisibles. Plus encore : la notion de tendance peut désigner des phénomènes futiles – le tube de l'été – comme des sujets autrement plus sérieux – de la « théologie de la libération » au développement durable. Enfin, si par moments ce terme désigne des phénomènes marchands, il vise aussi des objets qui ignorent toute logique économique comme une manière de porter un vêtement – revers ou non, en bas du pantalon – ou la diffusion rapide d'une expression.

Définir le terme de « tendance » constitue donc un préalable indispensable à une sociologie des tendances.

I. – Questions de définition

En apparence, le sociologue, le statisticien et l'expert sont d'accord sur le profil d'une tendance. L'expert, c'est Coco Chanel qui déclarait : « La mode, c'est ce qui se démode. » Les statisticiens associent cette définition à une figure, la courbe en cloche (ou courbe de Gauss). Cette fonction mathématique décrit parfaitement le cycle de la mode : la montée en puissance, l'apogée qui annonce le début du déclin puis la descente aux enfers qui transforme l'objet culte d'hier en accessoire démodé. Ce cycle, l'orthodoxie sociologique le définit comme : un comportement adopté de manière temporaire par une partie substantielle d'un groupe social parce que ce comportement est perçu comme socialement approprié pour l'époque et la situation[1]. Mais une telle définition convient finalement à des objets beaucoup trop large, du maoïsme aux « boys band ». Preuve qu'il faut caractériser plus finement le phénomène.

1. **L'extension du domaine des tendances.** – Première difficulté : l'empire des tendances s'étend. Des engouements collectifs et temporaires s'emparent d'objets et de pratiques qui demeuraient naguère inchangés sur le temps long. La culture, les coutumes, voire les habitudes régionales, fixaient une manière de manger, de s'habiller ou de s'amuser. Tout cela tend aujourd'hui à être bouleversé ; certains goûts se mondialisent, d'autres connaissent une existence éphémère. La tentation est grande d'y voir l'influence des marchands, à la suite de Roland Barthes selon lequel « l'origine commerciale de notre imaginaire collectif [est] soumise partout à la mode, bien au-delà du vêtement »[2].

Cette multiplication des tendances commerciales se vérifie indéniablement. Certains principes régissant la

1. Georges B. Sproles, Behavioral science theories of fashion, in Michael R. Solomon (ed.), The Psychology of Fashion, Lexington (Mass.), Lexington Books, 1985.
2. Roland Barthes, Système de la mode, Paris, Le Seuil, 1967, p. 9.

mode vestimentaire sont désormais à l'œuvre dans d'autres domaines. Montres ou meubles y sont soumis, permettant à leurs fabricants de favoriser le renouvellement de ces objets malgré leur caractère durable. Mais les tendances règnent également sur d'autres activités, à l'instar par exemple des sports. Ainsi, certaines activités sportives ont connu leur heure de gloire avant de voir leur nombre de pratiquants diminuer : le squash, par exemple. Aujourd'hui, une multitude d'acteurs profitent de la vogue du golf. Enfin, les tendances s'épanouissent de manière spectaculaire avec les objets technologiques ; en dehors de ses aspects fonctionnels, le téléphone mobile est devenu un accessoire de mode.

Dans le domaine culinaire, de nouveaux goûts sont apparus ; des plats autrefois exotiques appartiennent désormais aux repas traditionnels de nos contemporains. Ces mécanismes s'expliqueraient strictement par une mondialisation de la gastronomie s'ils n'étaient pas eux aussi soumis aux tendances. C'est par exemple le cycle observé, en France, par la vogue de la cuisine chinoise. Celle-ci s'est développée, diffusant des spécialités dans les assiettes, nems ou riz cantonais. Dans les années 1990, ces plats communs ont été supplantés chez les gourmets par d'autres vogues venues de Chine, comme les *dim sum,* ces plats à la vapeur. Aujourd'hui, la cuisine chinoise est concurrencée par d'autres gastronomies lointaines, japonaise ou thaïlandaise par exemple.

Dans le cas de la gastronomie, l'apparition de ces nouveaux plats suppose des bouleversements dans les pratiques industrielles et commerciales. Toutefois, ce phénomène révèle aussi l'appétit de nos contemporains pour de nouvelles saveurs ; celui-ci ne se limite pas à la cuisine, ni même au domaine commercial.

2. **Tendances non commerciales et tendances commerciales.** – Les tendances ne sont pas toutes d'origine commerciale. Les modes se rencontrent également dans des domaines qui ne profitent à personne. Nul ne fait commerce des tournures langagières : pourtant, on constate des engouements dans ce domaine. Même chose pour le système pileux, du bouc à la moustache. Il existe aussi des manières d'accommoder ses vêtements : un même jean peut ainsi être porté avec ou sans revers, sans ourlet mais avec ses extrémités effilochées, dans les bottes, etc.

Illustration parfaite des tendances non commerciales : les mécanismes qui président au choix des prénoms. Le rapport aux prénoms pourrait même constituer un repère du nouveau rapport des individus aux tendances. L'existence de cycle dans la manière de prénommer les enfants est un phénomène récent ; elle atteste l'importance inédite des tendances, y compris sur des domaines que personne n'a intérêt à gouverner.

En France, par exemple, la liste des dix prénoms les plus fréquemment donnés ne change guère jusqu'à la fin du XIXe siècle. Elle évolue légèrement ensuite, preuve que la liste se renouvelle quelque peu, de 1800 à 1900. Puis la liste des prénoms les plus populaires subit des bouleversements perpétuels. Cela commence à être vrai de 1900 à 1950, mais cela devient surtout éclatant depuis 1950. Des prénoms « classiques » connaissent une véritable déroute, à l'instar de Marie et de Jean.

Le quasi-abandon de ces deux prénoms « classiques » ne se fait pourtant pas au profit de nouveaux classiques. Il marque la fin d'une culture ou le stock de prénoms était en nombre restreint, continuellement utilisé d'une année sur l'autre. Non seulement l'éventail des prénoms utilisés pour nommer les bébés change continuellement, mais les patronymes les plus souvent donnés bénéficient d'une « part de marché » qui n'a plus rien à voir avec celle qui était la leur un demi-siècle auparavant. Ainsi, en l'espace d'une centaine d'années, les dix premiers prénoms qui nommaient plus de 50 % d'une génération n'en nomment plus que 20 % environ. Marie régnait sur les filles avec une « part de marché » de près de 30 %, Léa l'a remplacée avec seulement 3,3 % des enfants nés entre 2000 et 2002 ! C'est pourquoi, à l'exception de Marie et d'Antoine, aucun prénom populaire il y a un siècle ne l'est encore à notre époque.

3. **Tendances bobos, métrosexuels et autres tribus.** – En se diffusant, le terme de « tendance » en est venu à désigner non plus seulement des modes mais aussi des modes de vie. Dans le vocabulaire des hommes de marketing, ont commencé à apparaître des tendances désignant des communautés humaines. La société se décomposerait en différentes tribus, pour reprendre l'expression chère à Michel Maffesoli[1], lesquelles se distingueraient par leur mode de consommation. Cette représentation semble congruente avec l'idée selon laquelle le lien social serait aujourd'hui profondément fragilisé, la société devenant une mosaïque de communautés.

Ainsi, au début des années 1980, on a vu apparaître aux États-Unis les « Yuppies », *Young Urban Professionnal*. Le magazine *Time* a annoncé leur mort en 1991 ; il a fallu attendre neuf ans pour que les bobos, inventés par le journaliste David Brooks[2], les remplace. En substance, les Yuppies symbolisaient de jeunes gens ambitieux avides de réussite matérielle et

1. Michel Maffesoli, *Le temps des tribus,* Paris, La Table ronde, 2000.
2. David Brooks, *Les bobos,* Paris, Massot, 2000.

des symboles susceptibles de l'attester. Les « bobos » partageaient cette même aisance matérielle mais brandissaient d'autres signes de réussite matérielle, différents de ceux qui distinguaient d'ordinaire les classes aisées. Puis sont nés les métrosexuels[1], hétérosexuels censés être aussi soucieux de leur apparence physique que les homosexuels.

On a souvent accusé ces catégories d'être forgées par des journalistes pour les journalistes. De fait, aucun travail précis n'a permis de vérifier que ces groupes correspondaient à une réalité sociologique. S'ils ont connu un tel succès, c'est qu'ils résonnent par rapport au sens commun du moment. Les Yuppies symbolisaient l'argent facile ; les bobos, la culpabilité morale du bourgeois moderne, et les débuts du développement durable. Les métrosexuels, enfin, donnent corps aux interrogations du moment sur la redéfinition des genres. Le côté ludique de ces étiquettes, les reportages récréatifs auxquels ils peuvent donner lieu expliquent la vogue dont ils jouissent dans les médias.

Le maniement de ces catégories trouve bien vite ses limites en raison de leur caractère profondément tautologique. Car, finalement, ces supposées tendances sociologiques postulent l'existence d'une stratification reposant avant tout sur les modes de consommation des individus. En somme, elles prétendent expliquer la consommation par la consommation ! Dès lors, elles paraissent peu utiles, trahissant principalement la curiosité suscitée par les phénomènes collectifs.

4. **Tendances et statistiques.** – Les tendances régissent les domaines les plus variés ; elles ont aussi des pro-

1. Voir David Abiker, *Le musée de l'homme,* Paris, Michalon, 2005.

fils dissemblables à l'extrême. L'historien Fernand Braudel cherchait dans la culture matérielle des individus des *trends séculaires*[1], susceptibles de décrire sur la longue durée le rapport des civilisations aux objets. Difficile de confondre ces phénomènes avec des vogues qui ne durent qu'un été... D'où la tentation de distinguer parmi les tendances différents profils. Ainsi, en anglais, on parle de *craze*, de *fad*, de *hype* ou de *mania*, termes que l'on pourrait traduire par « tocades », « vogues » et « manie ». De la sorte, on ne confondrait plus les tocades les plus courtes avec les manies les plus longues.

On pourrait ainsi parler d'une tocade pour les porte-clés dans les années 1960, comparable à celle des pin's dans les années 1980. Une tendance un peu plus durable pourrait être qualifiée de vogue, à l'instar de celle de la télé-réalité. Enfin, une mode installée sur le moyen terme comme celle du jogging serait qualifiée de manie. Différentes taxinomies des tendances pourraient être proposées en se fondant sur la rapidité et sur l'ampleur de leur diffusion. Mais ces exercices semblent affectés d'un postulat implicite : l'idée selon laquelle la vitesse de diffusion d'une mode serait inversement proportionnelle à sa durée de vie. Une telle assertion semble bien discutable. Des tendances peuvent se diffuser avec une rapidité foudroyante et pourtant s'installer durablement : le téléphone mobile en donne un bel exemple.

Autre difficulté relevant de la qualification statistique des tendances : le fait que celles-ci puissent s'appliquer indistinctement à un phénomène de diffusion restreinte ou bien de grande ampleur.

5. **Tendances confidentielles ou massives.** – C'est un paradoxe : le mot de « tendance » s'applique

1. Fernand Braudel, *Civilisation matérielle, économie et capitalisme : XVe-XVIIIe siècle*, Paris, Colin, 1979.

aujourd'hui indistinctement à une vogue mondiale et à un engouement circonscrit à un petit milieu. D'où la volonté de distinguer les deux phénomènes : d'un côté, des tendances confidentielles, pointues, qui signent l'appartenance à un milieu d'initiés. Elles peuvent aussi bien concerner un vin prodigieux mais confidentiel qu'un créateur vestimentaire connu d'un petit nombre d'amateurs avertis. *A contrario,* se trouvent des tendances massives qui concernent un très grand nombre d'individus.

Exemple de tendance confidentielle, les marquages de la peau. Les tatouages et autres piercings étant devenus communs, la tendance recouvre désormais des formes largement plus exotiques comme les scarifications ou les implants sous-cutanés. Certains journalistes voient apparaître une nouvelle mode, celle des « émos », terme issu de l'anglais *emotional,* un nouveau mouvement issu du néogothique, où il est de mise d'exhiber ces scarifications dès l'âge de 12 ans[1]. Ce qui est présenté comme une tendance désigne en réalité une forme d'anomalie statistique.

Les tendances pour initiés décrivent une réalité fascinante et forcément minoritaire. Leur évocation présente bien souvent une dimension récréative, s'agissant de phénomènes fatalement cantonnés à un petit cercle. Ainsi, on a pu évoquer la mode des « supers-yachts », bateau à moteur ultraluxueux, de plus de 25 m. La tendance est indéniable : de 2001 à 2006, la taille moyenne des bateaux construits est effectivement passée de 50 à 60 m. En 2010, on estime même que l'on comptera 8 000 navires de ce type contre 4 000 en 2000 : la mode, chez les milliardaires, consisterait à préférer ces châ-

1. Marie Vaton, Néogothiques et cyberpunks, la filière de la douleur, *Le Nouvel Observateur,* 5 avril 2007.

teaux flottants à une banale résidence secondaire[1]. Pour autant, cette mode n'a guère de signification pour le grand nombre : elle ne peut pas être interprétée comme annonciatrice d'une tendance statistique qui concernerait cette fois-ci n'importe quel individu.

Aux antipodes de ces deux exemples, se trouvent des incontournables, à l'instar du Rubik's cube, ce casse-tête inventé en 1974 par Erno Rubik, sculpteur et professeur d'architecture hongrois. À l'origine, ce cube multicolore est vendu en 1977 dans les boutiques de jouets de Budapest. L'objet est repéré ; en septembre 1979, un accord est signé pour le diffuser mondialement. Un an plus tard, le casse-tête devenait « jouet de l'année » en Allemagne. L'emballement qui suivit demeure inédit à ce jour. Trois cent millions de Rubik's cubes furent vendus de par le monde – un humain sur vingt en possédait un – et Erno Rubik devint le premier entrepreneur millionnaire du bloc de l'Est.

L'articulation des tendances confidentielles et massives recèle une difficulté. Les premières distinguent les individus, par exemple par le biais de la consommation ostentatoire ou d'une mode vestimentaire radicale. Au contraire, les tendances massives permettent de s'intégrer au sein du corps social. Toutefois, ce clivage peut disparaître ; ainsi, une tendance massive est toujours une tendance confidentielle qui a réussi. Les pratiques les plus pointues annoncent parfois, à la manière de signaux faibles, les engouements populaires de demain. La métamorphose est possible ; elle n'est évidemment pas certaine.

Pourtant, les magazines encouragent cette confusion. Difficile, en effet, de savoir si les rubriques

---

1. « Custom-made yacht brokers flaunt their wares at Cannes boat show » (Agence France Presse, 16 septembre 2006).

« Tendance » décrivent des comportements avant-gardistes, promis à une large diffusion, ou, au contraire, des phénomènes déjà présents dans le corps social. Cet amalgame est d'autant plus trompeur qu'il peut mettre sur un même pied, d'une part, des phénomènes relevant du caprice des uns et, d'autre part, des mécanismes révélant une évolution des modes de vie.

6. **Tendances « fonctionnelles » ou « non fonctionnelles ».** – Certaines vogues s'éclairent à la lumière des évolutions du contexte. De nombreuses tendances trouvent ainsi leur explication dans les modifications sociologiques, économiques ou réglementaires du cadre de vie. Ces facteurs expliquent nombre de changements récents qui affectent, par exemple, les mutations de l'habitat, de l'automobile, ou bien celles des objets technologiques. Ces tendances peuvent être qualifiées de fonctionnelles, du nom des causes qui régissent leurs évolutions. À l'inverse, d'autres tendances sont la conséquence de l'évolution du goût des individus ; elles peuvent donc être baptisées tendances non fonctionnelles.

Ces deux catégories de tendances ont des physionomies très différentes. Les questions d'odeur ou de saveur relèvent des tendances non fonctionnelles pures : la vogue de la vanille, ou de la cannelle, ne s'explique par aucune des caractéristiques de cette substance. À l'inverse, l'augmentation de la taille des logements, continue depuis 1945, est une tendance fonctionnelle qui est la conséquence de nombreux facteurs : augmentation du niveau de vie des individus, aspiration au confort, multiplication des objets domestiques.

Il va de soi que ces deux formes de tendance ne peuvent pas s'expliquer de la même manière. Les tendances fonctionnelles sont la conséquence du cadre social imposé par l'époque ; aucune théorie aussi ambitieuse soit-elle ne pourrait expliquer les mécanismes par lesquels une société façonne objets et pratiques. Toutefois, la plupart des objets qui nous entourent sont également gouvernés par des mécanismes non fonctionnels. Seule cette dernière catégorie de phénomènes relève véritablement de la sociologie des tendances. Les autres évolutions sociales, à l'instar des idéologies, requièrent d'autres formes d'explication.

7. Tendances idéologiques et non idéologiques. – Le terme de « tendance » est souvent utilisé pour rendre compte des évolutions idéologiques. On a pu entendre ainsi parler d'une « mode libérale » dans les années 1980, d'une vogue du développement durable dans les années 2000, ou bien encore d'une tendance à l'islamisation. Cette terminologie est pour une part la conséquence de la conviction, fondée ou non, selon laquelle nous vivrions une époque de fin des idéologies ; celles-ci seraient donc condamnées à se succéder les unes aux autres, sur fond de relativisme généralisé. À un premier XXᵉ siècle épuisé par le communisme et le nazisme succéderait une période de mode, les dogmes étant désormais condamnés à faire long feu. Cependant, qualifier ces visions du monde de mode apparaît comme un abus de langage pour deux raisons.

En premier lieu, les tendances non fonctionnelles se présentent sous la forme de cycles. Or rien n'indique que la vie des idées puisse être représentée de cette manière. Rendre compte de l'adhésion des peuples à la démocratie à l'aide d'une courbe de Gauss n'aurait ni valeur descriptive ni valeur explicative.

Par ailleurs, les individus adhèrent à une tendance non fonctionnelle sans raison évidente ou explicite. *A priori,* ils choisissent une couleur ou une saveur parce qu'ils l'apprécient ; ces choix ne sont donc pas nécessairement motivés par des raisons. Ils n'ont pas de dimension « téléologiques », ils ne sont pas dirigés vers une finalité particulière. *A contrario,* un engagement idéologique[1] suppose une conception du monde, une lutte ou un souhait en matière d'avenir de la société, et ce même lorsque la participation de l'individu demeure modeste. Par exemple, le fait d'adhérer à la vogue « bio » suppose la volonté de militer, à des degrés divers, en faveur de l'environnement. Dès lors, les tendances idéologiques, à l'instar des tendances fonctionnelles, obéissent à de « bonnes raisons » que l'acteur peut spontanément évoquer. Un individu séduit par le bouddhisme est généralement capable d'exposer ce qui le retient dans ce dogme ; de la même façon, le fait de vouloir disposer d'une voiture économe en carburant ne relève pas d'une logique difficile à percer. L'engouement massif en faveur du macaron procède, lui, de processus largement plus mystérieux.

8. **Une sociologie des goûts et des couleurs.** – L'objet d'étude de la sociologie des tendances, ce sont les objets et les pratiques révélant des goûts collectifs soudains et convergents. En somme, la sociologie des tendances consiste à discuter de ce dont on ne discute jamais : les goûts et les couleurs.

Les modes constituent pour les sciences humaines un reste muet. À la différence des pratiques sociales, de l'histoire des idées ou de la psychologie individuelle, celles-ci matérialisent des phénomènes collectifs que les théories traditionnelles ne prennent pas en charge. C'est qu'il n'y a aucune raison *a priori* de pré-

1. Raymond Boudon, *L'idéologie, ou l'origine des idées reçues,* Paris, Fayard, 1986.

férer une couleur à une autre, aucune utilité à maximiser au travers du choix d'une saveur.

En effet, les tendances sont formées par ces choix individus agrégés qui constituent le goût collectif. À la différence d'autres phénomènes sociaux, elles apparaissent puis disparaissent sans bonnes raisons évidentes. Aussi peut-on les comparer à des « arbitraires collectifs » en ce sens que leur genèse est la conséquence de l'action non concertée d'une pluralité d'individus. Chaque individu a des raisons, conscientes ou non, d'apprécier un objet ou une pratique. La diversité de ces raisons empêche d'appréhender la situation collective comme une simple multiplication des cas individuels. C'est en ce sens que les goûts collectifs peuvent être qualifiés d'arbitraires ; leur formation n'obéit à aucune logique préétablie.

Comment comprendre et analyser ces arbitraires collectifs ? C'est le programme de recherche ambitieux dévolu à la sociologie des tendances.

II. – De la complexité des tendances

Il est possible de distinguer, parmi les tendances, différentes catégories de phénomènes. Toutefois, dans la pratique, ces différents facteurs semblent inextricablement mêlés. L'analyse des exemples suivants permet de prendre la mesure de la complexité de ces phénomènes.

1. **Les parfums, une tendance non fonctionnelle pure.** – Les modes qui régissent les parfums n'obéissent à aucune nécessité fonctionnelle. L'odeur si particulière de la Calonne, hier particulièrement décriée parce qu'elle évoquait l'huître, ou la mer, est aujourd'hui fort appréciée par les individus. Dans les tests à l'aveugle, l'absence de cette substance peut même être considérée comme un handicap. Autre tendance fonc-

tionnelle dans le domaine des parfums : la course à une odeur « puissante ». La mode est apparue dans les années 1980 avec *Giorgio Beverly Hills,* un parfum relevant de la catégorie des « floraux verts », qui a témoigné de l'attrait des individus pour ce type de formule. Le succès de ce parfum suscita une surenchère, symbolisée par la sortie de *Poison* en 1985.

2. **Le vin, mélange de tendances.** – Une boisson aussi traditionnelle que le vin est désormais en proie à des tendances. Dans le rapport au vin se mêle tendances fonctionnelles et non fonctionnelles, mais aussi modes pour initiés et engouement du grand nombre. La consommation des Français dans ce domaine a diminué : en l'espace de trente ans, elle est passée de 100 l à 55 l par personne. Cette diminution de la consommation s'explique par un rapport différent à l'alcool imposé par les nouvelles lois en vigueur. Mais elle reflète aussi une modification des tendances non fonctionnelles ; le goût des individus a changé, ils se désaltèrent désormais autrement.

En outre, les goûts du public ont évolué. Le vin est de plus en plus souvent désalcoolisé ; dans le cas contraire, il dépasserait souvent les 13°, ce qui rendrait sa consommation plus délicate. Les consommateurs préfèrent un vin vinifié sur le fruit, légèrement sucré en fin de bouche avec peu de tanin. Parallèlement, les recherches des « initiés » ont changé. Dans le petit cercle des amateurs de grand vin, la mode n'est plus au Château d'Yquem ou au Petrus. L'attention des connaisseurs s'est déplacée vers des crus rares, naguère délaissés. Désormais, les vignobles les plus en vue sont bien souvent minuscules. C'est par exemple ce qui est arrivé à un pomerol nommé « Château le pin », petit domaine de 1,95 ha. En 1981, il est remarqué par un œnologue réputé lors d'une dégustation. Depuis, les bouteilles de cette origine se négocient à plusieurs milliers d'euros, ce qui en réserve la dégustation à quelques privilégiés.

3. **Une tendance normative devenue fonctionnelle : le cas des *sex toys*.** – La transformation des « vibromasseurs » en *sex toys* a signé la métamorphose d'une tendance « normative », réservée aux initiés, en une mode grand public, révélant l'évolution des pratiques sexuelles. Au-delà de l'anecdote, cette vogue montre les difficultés d'interprétation d'une tendance. En effet, cette mode peut être décryptée de différentes manières : on peut y voir une volonté d'autonomisation chez certaines femmes, la fin d'un tabou, la victoire d'une certaine esthétique ou bien encore le mélange de ces trois phénomènes.

En effet, si l'objet n'est pas nouveau, l'idée d'y avoir recours et de l'afficher de manière décomplexée relève d'un phénomène inédit. Au début des années 2000, ces objets se cachent. Ainsi, en mai 2002, le journal *Libération* note avec amusement que l'on peut trouver à Londres un magasin tendance, qui ne vend que des objets de cette nature. Plus étonnant encore : le designer américain Tom Dixon – plus connu pour ses collaborations avec *Habitat* – propose son interprétation de cet objet, revêtu d'une résine noire aux différentes textures. En octobre 2002, plus la peine de traverser la Manche : un magasin sous l'enseigne Sonia Rykiel propose à Paris des *sex toys*. Cinq ans plus tard, l'objet s'est vulgarisé. Une multitude d'articles et d'émissions lui ont été consacrés : la pratique ne passe plus pour singulière. On ne compte plus les designers qui ont livré leur exécution du *sex toy,* de Matali Crasset à Tete Knecht qui l'ont rebaptisé *Lovetoys*. La France est peut-être en train de combler le retard qu'on lui attribue dans ce domaine : un récent sondage attribue un objet de ce type à 50 % des Suédoises contre seulement 20 % des Françaises[1]. La tendance semble donner à penser que la France sera bientôt à niveau sur ce plan.

4. La maison : lieu de rencontre de plusieurs tendances. – Étudier les caractéristiques de maisons individuelles récentes permet de prendre la mesure des tendances dans le domaine de l'habitat. À la différence des logements anciens, ces demeures ont été construites, pour l'essentiel, conformément aux souhaits de leurs propriétaires. Sous un même toit se retrouvent donc tendances fonctionnelles et non fonctionnelles, celles dictées par les goûts des individus et celles imposées par les contraintes économiques.

Tendance à la fois fonctionnelle et non fonctionnelle : l'éloignement des centre-urbains[2]. Après des années de fuite vers le péri-urbain, les campagnes gagnent des habitants, cette population nouvelle baptisée « néoruraux ». Cette tendance massive, clairement identifiée dans les statistiques, obéit à des causes multiples : démêler les différentes raisons de cette situation n'est pas chose aisée. À l'origine, on trouve à coup sûr la préférence pour l'espace ; entre 1949 et 2001, les maisons individuelles ont vu leur surface augmenter de 15 %. Cela signifie que, dans une période où se loger coûte cher, les ménages préfèrent habiter plus loin plutôt que de diminuer la superficie de leur logement. En outre, cette propension à préférer la campagne provient probablement aussi des stratégies de localisation des familles : une plus grande attention

1. *Le Parisien,* 27 juin 2007.
2. Guillaume Erner, études réalisées pour l'UNCMI et Maisons d'en France.

à la carte scolaire, le choix d'éviter certaines banlieues, conduit les ménages à se loger dans des zones rurales. Naguère, le fait d'habiter dans une zone rurale pouvait être considéré comme un handicap ; aujourd'hui, cela est perçu comme un atout qui mérite certains sacrifices, notamment en temps de trajet. La vogue écologique n'y est sans doute pas pour rien. Peut-être même s'agit-il d'une tendance mondiale, puisque l'on voit apparaître, aux États-Unis, des phénomènes identiques avec des zones baptisées « Exurb ».

L'intérieur de la maison reflète aussi les tendances en matière d'usage de l'espace. De plus en plus, on assiste à une distinction entre l'univers des parents et celui des enfants. Une pratique en rupture avec la maison traditionnelle où les chambres pouvaient être situées dans le même environnement. Lorsque cela est possible, les familles optent, par exemple, pour une seconde salle d'eau, une pour chaque génération. Cet état de fait révèle un certain nombre d'habitudes nouvelles sur le plan sociologique : pratiques parentales modifiées, nouvelles formes de cohabitation entre générations. Cette situation doit aussi être rapprochée des questions inédites posées par les familles recomposées. Près de 15 % des enfants, en 2005, vivaient avec un adulte qui n'était pas leur parent. Cette situation inédite peut expliquer la reconfiguration observée de l'espace domestique.

Enfin, la maison vit sous l'emprise d'une série de tendances relevant du goût des individus. On note ainsi l'utilisation de nombreux matériaux bruts auparavant réservés aux lieux d'activités : alu brossé, béton ciré, voire briques de verre. De nouvelles vogues apparaissent : en 2007, le papier peint opère un retour remarqué après avoir été éclipsé par la peinture. Dans le même temps, l'utilisation de matériaux naturels ou perçus comme tels, du plancher aux briques monomur, est plébiscitée. La mode va jusqu'à se nicher dans les détails les plus inattendus : c'est ainsi que l'on assiste à une vogue des douches à l'italienne, douches conçues sans bac de récupération d'eau. Si nos contemporains préfèrent ces douches, c'est parce qu'ils les trouvent plus belles, mais aussi plus esthétiques. Le choix de ce dispositif l'illustre : les tendances sont souvent au confluent d'évolutions sociologiques et de choix esthétiques.

5. **Le retour d'une tendance : l'exemple du legging.** – S'agissant de phénomènes cycliques, les tendances peuvent renaître plusieurs fois. C'est particulièrement le cas dans le domaine de la mode où certains objets connaissent à nouveau leur heure de gloire. Il en est ainsi du *legging,* caleçon long très associé aux années 1980. Pendant très longtemps, le retour de la tendance « années 1980 » a été annoncé, sans succès, par des professionnels de la mode. C'est seulement au printemps 2006, avec le *legging,* que cette prédiction a été suivie d'effets ; la tendance s'est montrée d'une telle vigueur que les fabricants de collants ont peiné à suivre la demande. Comment ce vêtement a-t-il pu cesser de relever d'une mode confidentielle, vantée par les magazines, pour devenir une tendance incontournable ? L'opération s'est déroulée en trois actes.

En premier lieu, le handicap du *legging,* incarner le « démodé », est devenu sa grande force. Ainsi, de nouvelles marques ont pu s'en emparer, comme s'il s'agissait d'une innovation. C'est le cas d'*American Aparel,* marque américaine pointue, qui l'a proposé dans des couleurs criantes, pour installer sa griffe.

Par ailleurs, ce vêtement a profité d'une vogue des silhouettes « près du corps ». Au bout du compte, un collant sans pied peut être considéré comme l'enfant naturel de jean moulant. Habituer l'œil à l'un, c'est favoriser le retour de l'autre. Mais on a les défauts de ses qualités : le moulant, disent les professionnels, « c'est clivant ». Traduisons : tout le monde ne peut pas le porter.

Enfin, une tendance d'une telle vigueur n'aurait pas pu voir le jour sans le soutien actif des prescripteurs de tendance, journalistes et « people ». Or, de manière indéniable, les magazines ont prêté main-forte au caleçon : à l'automne, *Elle*[1] proposait dans ses pages 20 manières de le porter. Madonna, elle aussi, a contribué au succès des *leggings* en les arborant dans l'un de ses clips. Au printemps 2007, toutes les grandes chaînes de prêt-à-porter proposent des silhouettes comprenant des *leggings*. Un phénomène de saturation s'installe ; les vraies *fashionistas* délaissent alors ce vêtement beaucoup trop présent dans nos villes.

6. **La sociologie des tendances ou l'exploration des goûts collectifs.** – Les exemples précédents en témoignent : l'apparente uniformité des tendances masque une grande diversité de phénomènes. En premier lieu, il importe de ne pas confondre certains phénomènes de mode confidentiels avec des engouements autrement plus massifs. Par ailleurs, il semble nécessaire de repérer ce qui relève véritablement des « tendances non fonctionnelles » – autrement dit, ce qui concerne uniquement le goût de l'époque des habitudes et des styles de vie.

La sociologie des tendances consiste à apporter une explication à l'évolution des goûts collectifs. En substance, cette interrogation comporte deux problèmes. Le premier est celui de la genèse des goûts – autrement dit, de l'essence des tendances : un objet ou une pratique sont-ils programmés pour devenir tendance ?

1. 23 octobre 2006.

Une telle question est indissociable de l'interrogation relative à leur diffusion : comment se propagent les goûts au sein de la société ?

Une manière de répondre à ces questions consisterait à présenter les individus comme des créatures grégaires et versatiles. Les hommes se caractériseraient par leur propension à adorer puis à délaisser des odeurs, des couleurs ou des saveurs. S'il faut écarter une telle hypothèse, c'est que l'on peut esquisser une histoire des tendances – autrement dit, montrer que le mimétisme seul ne parvient pas à expliquer l'alternance des modes. Du coup, deux autres conceptions dominent la sociologie des tendances. Une première démarche consiste à présenter les individus comme manipulés par des forces qui les dépassent et les inciteraient à adhérer à certaines tendances. Une autre démarche appréhende les tendances comme la conséquence de décisions individuelles agrégées. Les individus agiraient ainsi de manière rationnelle, à partir de stratégies spécifiques. La sociologie des tendances est marquée par l'opposition entre ces deux perspectives théoriques.

Une fois cette histoire brossée à grands traits, trois démarches théoriques seront résumées. La première, dans le sillage de Roland Barthes, s'intéresse à la question de l'essence des tendances. Dans cette perspective, expliquer les tendances, c'est montrer en quoi elles coïncident avec l'esprit de l'époque. Pour la seconde tradition étudiée, expliquer les tendances, c'est au contraire se pencher sur leur diffusion au sein du corps social : à cet égard, les travaux de Pierre Bourdieu apparaissent comme les plus marquants. Les difficultés de ces deux familles théoriques pour expliquer la genèse des tendances inciteront à explorer une troisième tradition, notamment représentée par Alexis de Tocqueville et Georg Simmel.

Chapitre II

UNE BRÈVE HISTOIRE
DES TENDANCES

En France, les tendances sont apparues pendant les Trente Glorieuses, avec la naissance de la consommation de masse. La classe moyenne ressemblait alors à Sylvie et Jérôme, les deux héros de Georges Perec qui découvraient les « choses »[1] dans le roman éponyme dont le sous-titre était : « Une histoire des années soixante ». Perec s'amuse à décrire dans son roman un couple obnubilé par le style de vie de *L'Express*, rêvant de chaussures anglaises, de canapés *chesterfields*, de roulés de jambons et de bœufs en gelée...

Comme Perec l'avait observé, au cours des *sixties* la France a découvert les tendances. Non plus Paris ou quelques quartiers privilégiés, mais l'ensemble de l'Hexagone. Une anecdote d'Edgar Morin éclaire par exemple le trajet parcouru par... le pantalon : en 1957, écrivait-il, les jeunes filles d'un bourg de Bretagne ne portaient pas encore cette tenue que leurs camarades du bourg arboraient déjà. Il fallut six ans au pantalon pour arriver jusqu'à elles ! Ce délai passerait aujourd'hui pour une éternité... Désormais, les modes se sont démocratisées et, même, mondialisées. Le prêt-à-porter qui symbolisait ce nouvel appétit de tendance occupe une part de plus en plus restreinte des

1. Georges Perec, *Les Choses,* Paris, René Julliard, 1965.

dépenses : 3,7 % du budget des ménages en 2005[1], contre 16,1 % en 1949, 12 % en 1959 et 9,1 % en 1974. Les gains de productivité réalisés dans le domaine de l'habillement profitent à d'autres secteurs ; la consommation de mode s'est déplacée sur d'autres domaines : la maison, les objets technologiques et les loisirs.

Pourquoi les tendances sont-elles nées à cette époque ? Du fait de l'apparition de la société de consommation, bien sûr. Mais cette société de consommation ne se résumait pas à un système économique ; elle trahissait aussi les nouvelles attentes de l'individu.

I. – Tendances et modernité

Les tendances sont nées avec la modernité ; elles sont la conséquence des bouleversements observés, depuis la fin du XVIIIe siècle, dans les domaines économique, technologique et sociologique.

Cette évolution est rendue possible par les évolutions technologiques et économiques. Les individus veulent du nouveau et le système mis en place par la révolution industrielle, au XVIIIe siècle, est à même de leur en fournir. L'innovation est même le moteur de ce système comme l'a souligné l'économiste Joseph Aloïs Schumpeter (1883-1950) au travers de la notion de « destruction créatrice »[2]. Plus encore : selon le sociologue Daniel Bell, si la mode et les tendances occupent une telle place aujourd'hui, c'est qu'elles constituent une solution aux contradictions du capitalisme.

1. Source : INSEE.
2. J. A. Schumpeter, *Capitalisme, socialisme et démocratie,* Paris, Payot, 1990.

1. **La mode comme solution aux contradictions du capitalisme.** – Selon Daniel Bell[1], le capitalisme entendu comme forme de société et non plus seulement comme système économique règne sur trois royaumes *a priori* irréconciliables : l'économie gouvernée par le besoin d'efficacité, la politique censée tendre vers l'égalité et, enfin, la culture où la préoccupation dominante est l'accomplissement de soi. Dans un tel contexte, le système de la mode et des tendances est l'un des rares, pour ne pas dire l'unique, susceptible de parvenir à concilier ces trois ordres.

Un système de libre concurrence est censé empêcher les situations de rente autorisées par la coutume : produire sans discontinuer le même bien. Les tendances interdisent de telles séries longues. Mais, simultanément, elles permettent aux industriels de maintenir leur position de domination, en confortant leur avance en matière d'innovation, tout en autorisant l'accès au marché à de nouveaux entrants. En incitant les consommateurs à renouveler leurs biens, le capitalisme a trouvé une méthode qui lui permet de limiter les risques de surproduction. Par ce biais, toute nouvelle offre a la possibilité de rencontrer sa demande. Pour autant, la mode ne contrevient pas aux principes égalitaristes de la société démocratique. À la différence du luxe aristocratique, elle se diffuse à l'intérieur de toutes les strates de la société. L'industrie tire profit de la démocratisation des tendances, dans des domaines aussi variés que l'agro-alimentaire, l'habillement ou l'automobile. Enfin, la mode promet à nos contemporains de les aider à s'accomplir en leur permettant de se bâtir une identité qui leur convienne.

1. Daniel Bell, *The Cultural Contradictions of Capitalism*, New York, Basic Books, 1996.

Les tendances constituent pour notre époque une solution ; c'est pourquoi la société bourgeoise des années 1950, écrit Daniel Bell, a supprimé l'opposition classique entre culture de la masse et culture de l'élite par la distinction entre ce qui est à la mode et ce qui est démodé[1]. D'autres commentateurs ont souligné l'aliénation de nos contemporains aux tendances. C'est par exemple le cas de David Riesman[2] (1909-2002), qui comparait notre société à une « foule solitaire ». Selon lui, cette foule était d'abord gouvernée par la mode ; la modernité se caractérisait par le passage d'un individu autodiscipliné et automotivé – le bourgeois d'antan – à un nouveau personnage, dominé par l'emprise de ses pairs et le regard des autres. Moins pessimiste, Gilles Lipovetsky[3] souligne la congruence entre notre modernité et ce souci des tendances. Cette attention portée à la mode dénote une nouveauté : notre passion du nouveau.

2. La « néomanie », passion pour le nouveau. – Selon le sociologue Colin Campbell[4], l'amour de la nouveauté a joué un rôle central dans la révolution industrielle. C'est ce trait distinctif de la mentalité moderne qui explique, parmi d'autres causes, économiques ou technologiques, le bouleversement observé à la fin du XVIIIe siècle ; la révolution industrielle. À cette époque apparaissent de nouvelles manières de concevoir les produits et de les vendre, formes primitives du marke-

1. *Ibid.,* p. 44.
2. David Riesman, *La foule solitaire : anatomie de la société moderne,* Paris, Arthaud, 1964.
3. Gilles Lipovetsky, *Le bonheur paradoxal : essai sur la société d'hyperconsommation,* Paris, Gallimard, 2006.
4. Colin Campbell, *The Romantic Ethic and the Spirit of Modern Consumerism,* Oxford, Blackwell, 1987.

ting et de la publicité. Mais aucun de ces dispositifs n'aurait fonctionné sans la soif d'inédit des individus.

Cette « néomanie », selon Colin Campbell, a une histoire ; elle prend place après des siècles conservateurs qui méprisaient la nouveauté. C'est seulement avec la disparition de la société traditionnelle que la passion de la mode se diffuse dans la société : l'individu gagne la possibilité de modeler simultanément la société et sa personne selon ses souhaits. L'exemple anglais montre que les formes de la mode se renouvellent à un rythme inconnu jusqu'alors. Chaque année, de nouvelles tendances apparaissent ; en 1753, par exemple, le violet est la couleur tendance ; en 1757, le lin blanc est à l'honneur, puis ce sont en 1776 la couleur noisette et en 1777 le gris intense. Le même phénomène s'observe pour les chaussures, leur forme ou la taille des talons.

Ce bouleversement est porté par la naissance d'une nouvelle classe : la bourgeoisie. La consommation ostentatoire des aristocrates était chose connue. Mais, à elle seule, elle ne pouvait soutenir la mutation économique en cours. D'ailleurs, les polémiques sur le luxe où s'illustrent alors Mandeville, Montesquieu puis Rousseau et Voltaire, tiennent moins à la naissance du somptuaire qu'à sa diffusion dans de nouvelles sphères de la société. Le prestige était l'apanage des rois et de leur cour : au XVIIIe siècle, le luxe devient accessible aux *riches*. L'élévation du niveau de vie, les gains de productivité permettent la production et la commercialisation de quantité de babioles. On s'arrache alors jouets, boutons, miroirs, broches, marionnettes, crème de beauté, et autres produits superflus.

Conséquence des mutations socio-économiques en cours, le temps libéré apparaît – ce temps disponible pour être dépensé. Quelques privilégiés, chaque année plus nombreux, disposent de loisirs. Ils découvrent de nouveaux plaisirs, ce rêve éveillé où se mêlent projets d'achats et projets de vie. En ce sens, Emma Bovary est le personnage qui symbolise parfaitement la nouvelle classe bourgeoise. L'héroïne de Flaubert inaugure cette vie oisive faite de désœuvrement, de lectures destinées à l'égayer, qui la conduisent à développer espoirs et rêveries romanesques. Et lorsque Emma ne rêve plus, elle consomme : jusque dans la petite ville normande où elle habite, il est possible de se livrer à des achats compulsifs d'étoffes pour ses vêtements et son intérieur. C'est d'ailleurs l'incapacité de faire face à ses dettes, la perspective d'être déshonorée, qui l'incite à se suicider.

À l'instar de Mme Bovary, l'homme moderne se caractérise par l'infinité de ses désirs, l'espace qui sépare en permanence ses souhaits de ses possessions véritables. Ce besoin compulsif de nouveauté engendre des appétits inédits ; il construit une nouvelle société, la société des tendances. Avec la naissance de la société de consommation, plus rien ne sera à l'abri des tendances. Même les objets les plus onéreux, les plus techniques – en somme – les moins frivoles en apparence seront soumis à la mode. C'est ce que révèle, dès son origine, l'industrie qui symbolise la mutation en cours : l'automobile.

3. Naissance des tendances industrielles : l'exemple de l'automobile. – L'automobile a été saisie, pratiquement depuis sa genèse, par les tendances. Avec elle, la mode ne règne plus uniquement sur le frivole ; elle nommera le système industriel qui dominera le monde pendant le second XXe siècle : le fordisme.

Cette emprise des tendances sur l'automobile n'allait pas de soi. En 1899, les premiers modèles de voiture s'inspiraient de la tradition ; ils ressemblaient à des charrettes. Poursuivant les formes connues, leurs concepteurs avaient décidé de cacher leurs moteurs et l'on aurait pu essayer d'y atteler des chevaux. La spécificité de l'objet apparaît six ans après ; le moteur s'exhibe alors fièrement à l'avant, marquant sa supériorité par rapport aux anciens modes de transport. L'automobile devient un objet à la mode pour quelques *happy few* ; une plume ironique, aux États-Unis, considère alors que conduire une voiture de l'an passé est aussi inconvenant qu'arborer un chapeau de la collection précédente.

La célèbre Ford T rompt avec cette tradition. Puisqu'il s'agit de la rendre abordable au plus grand nombre, elle doit être produite en grande série, une exigence incompatible avec les constants renouvellements imposés par la mode. Entre 1908 et 1920, ce véhicule ne varie guère. C'est sur ce terrain que ses concurrents vont l'attaquer ; dans les années 1920, General Motors s'acharne à démoder le modèle T. Du coup, la Ford voit sa part de marché décliner inéluctablement entre 1921 et 1927, de 55 à 25 %. Malgré des baisses de prix régulières, les ventes chutent. Son sort est scellé : la Ford modèle A est lancée en 1924. Avec elle, le constructeur entérine l'importance des tendances dans l'industrie automobile.

À partir de cette époque, les constructeurs américains se font une concurrence acharnée, moins sur les caractéristiques techniques des véhicules que sur leur apparence et leur image. Alors que Ford propose un véhicule unique sous une marque unique, General Motors règne sur une kyrielle de griffes, Pontiac, Oldsmobile, Buick et autres Cadillac. L'homme qui dirige alors l'entreprise, Alfred Sloan, pense que cette course à la nouveauté était l'une des meilleures manières pour cette industrie d'inciter les consommateurs à renouveler leur véhicule en permanence, « créer une *dissatisfaction* vis-à-vis des anciens modèles comparés aux nouveaux »[1]. Ce principe est plus que jamais d'actualité ; la voiture est toujours cet objet technique, sérieux en apparence, mais en réalité soumis aux caprices des tendances.

4. Populariser la mode. – Produire de nouvelles tendances ne suffisait pas ; encore fallait-il les diffuser dans l'ensemble de la société. Des médiateurs se chargèrent de former à la compréhension et au maniement des modes. Ce rôle fut notamment dévolu à une presse créée à cet effet ainsi qu'à une activité nouvelle : celle des bureaux de style.

Jardin des modes créé en 1922 par Lucien Vogel symbolise le rôle de la presse dans la démocratisation des tendances. Dans les pages de ce magazine, se retrouvait ce qui a fait l'identité de la « presse féminine » naissante : un mélange inédit de patrons de coutures et de recettes de cuisines destiné à remplir deux fonctions, habiller la femme, nourrir la famille. Un principe : vulgariser le goût, depuis les fourneaux jusqu'à la garde-robe. En 1954, Hachette reprend le journal et poursuit l'œuvre éducative ; de grands photographes participent à l'entreprise. Mais, peu à peu, la formule s'essouffle ; *Jardin des modes* s'éteint, mais la presse féminine est née.

Parmi les bouleversements qui expliquent la disparition du titre, se trouve le remplacement de la couturière par le prêt-à-porter. Les années 1960 constituent à cet égard une période charnière : la mode française change de visage. C'est la naissance de marques de

1. Gary Cross, *An All-Consuming Century,* New York, Columbia University Press, 2000, p. 92.

prêt-à-porter, comme Cacharel ou Daniel Hechter. La mode se diffuse dans des « boutiques » ; l'une des plus célèbres d'entre elles est ouverte par Élie et Jacqueline Jacobson en 1962, rue de Sèvres, sous le nom de *Dorothée*. Pour la première fois, c'est le commerce, et non plus les « créateurs » qui dictent leurs caprices à la mode. À cette époque, deux femmes prennent conscience du bouleversement en cours : Maïmé Arnodin et Denise Fayolle. La première a travaillé au *Jardin des modes* puis au *Printemps* ; la seconde a dirigé le style et la publicité chez *Prisunic*. Elles s'associent et créent, en 1968, la première agence conseil de mode baptisée *Mafia*. À l'origine, il s'agit avant tout de produire des « cahiers de coloris » destinés aux fabricants, lesquels devaient réagir à la mode dans un délai de plus en plus bref. Leur mot d'ordre ? « Le beau au prix du laid » traduit leur volonté de démocratiser la mode. Ces deux femmes vont faire entrer les tendances dans ces symboles de la consommation de masse que sont les catalogues de vente par correspondance. Dans les années 1970, d'autres bureaux de style se créent, conscients du besoin qui venait de naître. L'apparition de cette activité consacrait l'influence des tendances et de la classe d'âge qui lui est naturellement associée : la jeunesse.

II. – **Mode et jeunesse**

L'intérêt de la jeunesse pour les modes n'est pas né dans les années 1960. Les années 1920 avaient leurs « Apaches », les années de guerre eurent leurs « Zazous ». Mais ces mouvements rassemblaient une minorité de jeunes ; les rockers, Yéyés et ceux qui prirent la suite concernaient des générations tout entières.

La première mode de masse apparaît dans les années 1960 avec les Yéyés. Celle-ci est rendue possible par les évolutions des médias et de l'appareil productif. Les magazines popularisent de nouvelles silhouettes. À la télévision, « Âge tendre et tête de bois », présenté par Albert Raisner de 1961 à 1968, fait rentrer les Yéyés dans les foyers. L'existence d'une « culture jeune » contribue à atténuer les différences sociales qui existent parmi eux. La distance qui sépare jeunes urbains et jeunes ruraux s'estompe ; comme le souligne Edgar Morin, les uns et les autres écoutent la même musique, s'adonnent aux mêmes loisirs, affirment « la rupture avec l'ancien mode au profit de la mode »[1]. Cette rupture s'observe dans les pratiques vestimentaires ; auparavant la tenue endimanchée des jours fériés succédait à la tenue de la semaine aux couleurs ternes et passées. Désormais, la coquetterie a droit de cité les jours de semaine, pour les filles comme pour les garçons ; la plupart des adolescents possèdent une garde-robe, complétée chaque année en fonction de la mode.

Toute la jeunesse suit la mode, mais pas nécessairement la même mode. Dans les années 1960, Edgar Morin distingue parmi les garçons ceux qui prisent les négligés à l'italienne, pantalons et lainages clairs de ceux qui s'habillent à l'américaine, tee-shirt et éventuellement jcans. Les filles, note-t-il, possèdent des garde-robes plus semblables. Après 13 ans, même à la campagne, elles portent la tenue *teenager* talons plats, pantalon « élastiss », chandail, cheveux courts. Cette génération est la première à être exposée aux modes de masse, en particulier le Yéyé qui « déborde le diver-

1. Edgar Morin, Adolescents en transition, *Revue française de sociologie*, VII, 1966, p. 438.

tissement et contribue à la cristallisation d'une identité adolescente »[1]. Mais tous les mouvements de mode n'ont pas la légèreté du Yéyé ; à cette époque, certains conquièrent les formes traditionnelles d'affirmation de l'identité, politique et sociale. Ainsi, le « blouson noir », selon François Dubet[2], est un nouvel habit adopté par les jeunes des classes ouvrières. Ce signe d'appartenance permet une double construction, comme jeune, contre les vieux, et comme ouvrier, contre les jeunes des classes moyennes.

La mode jeune est un fait social qui va donner naissance à une industrie. En 1966, Sylvie Vartan lance sa propre ligne de prêt-à-porter, préfigurant le phénomène des « *people* ». Une industrie des tendances se développe, démocratisant les goûts du moment, depuis le design jusqu'à l'agro-alimentaire. Une catégorie d'individus va même jouer le rôle d' « entrepreneurs de mode » : les branchés.

1. **L'invention des « branchés ».** – En 1973, le vocabulaire des Français s'enrichit d'un mot, celui de « branchés ». Il n'est pas seulement tendance : il désigne ceux qui la font. Ce terme vient nommer les individus à l'origine des modes et dont l'influence n'est plus limitée à de petits groupes. Parfois, ils s'adressent à la planète tout entière. Ces individus vont réunir, entre leurs mains, la plupart des leviers de la mode « jeune » : le vêtement, bien sûr, mais aussi la musique, le journalisme et les médias, le cinéma parfois, la décoration ou l'art contemporain. Ces entrepreneurs de mode vont diffuser les nouvelles au travers

1. *Ibid.*, p. 455.
2. François Dubet, Conduite marginale des jeunes et classes sociales, *Revue française de sociologie*, XXVIII, 1987, p. 265-286.

de magasins, d'émissions, de journaux, qu'il s'agisse d'Andy Warhol avec le journal *Interview,* de Malcolm Mac Laren ouvrant son magasin Sex ou d'Alain Pacadis écrivant ses articles pour *Libération.* En 2007, ces branchés ont d'autres noms, s'appellent Fréderic Beigbeder ou Ariel Wizman, mais remplissent toujours la même fonction : ils fabriquent de la mode.

Ce qui apparaît dans les années 1970, ce n'est pas l'avant-garde, mais la diffusion rapide, auprès d'un vaste public, de pratiques ou d'esthétiques auparavant cantonnées dans un petit cercle. L'époque met l'*underground* à la portée du grand nombre. Le souci de l'innovation, la création de formes esthétiques expérimentales, la culture de pratiques alternatives, ou bien encore le goût de la provocation demeure, mais il s'adresse désormais à la multitude. S'il fallait évoquer un lieu symbole du phénomène, ce serait *Le Palace,* une boîte de nuit parisienne où les branchés se pressaient entre 1978 à 1983. Là-bas se mélangeait, comme s'en souvient Didier Lestrade, « dans le pays de Giscard, (...) des riches et des pauvres, des Blancs et des Noirs, des hétéros et des pédés »[1]. Un mélange traditionnel dans les milieux d'avant-garde ; mais aussi un brassage annonciateur des changements en cours. Les oiseaux de nuit y côtoyaient des dandys au sexe indéterminé, des hommes politiques, des artistes et des couturiers, et même des intellectuels : Roland Barthes contribua personnellement aux mythologies du *Palace.* Le fondateur de la sémiologie dans une boîte de nuit ? Et pourquoi pas : Félix Guattari avait bien accueilli l'un des premiers concerts des Stinky Toys, l'un des premiers groupes punks français, dans

1. Didier Lestrade, *Tétu,* mars 1999.

sa clinique psychiatrique de La Borde. La société devenait moins formelle, les mœurs évoluaient ; les homosexuels sortaient alors au *Palace,* ils commençaient à sortir également du placard. Bientôt, ils apprendraient aux hétéros à remplir leur placard. À l'extérieur du *Palace,* la France guettait les prochaines tendances et se préparait à les imiter.

Pour remplir leur fonction d'entrepreneurs de mode, les branchés se dotent d'une presse spécialisée. En France, l'un des premiers titres du genre est le magazine *Façade,* créé en 1976, parvenu sept ans durant à être le journal de l'*underground* tout en tirant jusqu'à 30 000 exemplaires. Inspiré du magazine *Interview* d'Andy Warhol, le journal a la « passion du futile et de la mode, un parti pris de l'illusion, de l'habile consommation de l'inutile »[1]. Consommation, le mot est lancé : deux publicitaires sont à l'origine du projet. À l'instar de la presse branchée, *Façade* promeut une esthétique singulière faite de stars et de *people*, de néo et de néons, de prix Nobel de beauté et d'anges au sexe indéterminé. On y croise des noms qui incarneront pendant quelque temps les tendances parisiennes, Karl Lagerfeld, Philippe Starck ou Thierry Ardisson.

Façade fera recette. D'autres journaux prendront la suite, à commencer par *Actuel* qui reparaît en 1979, avec le projet de redevenir le journal *underground* des tendances. À l'échelle internationale, chaque décennie a inventé son nouveau journal branché, conduisant à un renouvellement du genre. Le soin apporté à la maquette a de plus en plus compté dans ces différentes publications depuis *ID* jusqu'à *Wallpaper* en passant par le très récent *Monocle. Wallpaper* a été lancé

1. Cité par Alexis Bernier et François Buot, *L'esprit des seventies,* Paris, Grasset, 1994, p. 22.

en 1996 par un journaliste canadien, Tyler Brulé. Ce journal a innové dans le domaine des codes visuels, proposant une esthétique *Lounge,* entre retour aux *seventies* et variations autour des grands classiques du design. Assez rapidement vendu au groupe Time Warner, ce magasine réserve une place importante à la publicité, fondant même les pages de publicité à l'intérieur de ses propres codes visuels. Remplissant son rôle de journal « branché », *Wallpaper* publie depuis des guides de voyage qui se font fort de repérer les endroits tendance du moment. *Wallpaper* réserve une place particulièrement importante à la direction artistique. D'ailleurs, son rédacteur en chef, Tony Chambers, s'est même qualifié de *visual journalist.* Ces titres ne se contentent pas de diffuser une information : ils proposent une esthétique.

2. **Une dépolitisation progressive des mouvements de mode.** – La victoire des tendances se marque par la dépolitisation progressive des mouvements de mode. Né au début des années 1960, le mouvement hippy est indissociable d'une représentation utopique de l'existence. Le mouvement se caractérise par l'usage des drogues ou le sexe libre ; mais il est aussi porteur d'un message politique, et donne naissance à un mode de vie communautaire. Comment distinguer à l'intérieur du phénomène hippie ce qui relève de la pure tendance et ce qui participe du refus de la guerre du Vietnam ? Ce phénomène de mode culmine à la fin des années 1960 pour s'éteindre au milieu des années 1970. Les punks qui succèdent aux hippies abandonnent toute espérance collective. Explicitement nihiliste – « No future » –, le mouvement punk se propage sans promesse ni espérance. À rebours des communautés plébiscitées par les hippies, les punks prônent un indi-

vidualisme exacerbé : les années 1960 chérissaient les danses à deux ou les rondes collectives, les punks inventent le « Pogo » où l'individu danse contre la foule. Après la vague punk, les modes vont cesser d'être des mouvements sociaux pour devenir de purs phénomènes récréatifs, souvent indissociables de leur dimension commerciale. Le rap incarne probablement la seule exception notable à cette tendance.

Le phénomène punk possède ainsi ses promoteurs, directement intéressés à la réussite du mouvement. C'est par exemple le cas de Malcom Mac Laren : cet Anglais né en 1946 n'est ni styliste ni directeur artistique. Il représente l'archétype de l'entrepreneur de mode ; sans lui le mouvement punk eût été différent. Son histoire est édifiante : avec sa compagne, la styliste Viviane Westwood, Malcom Mac Laren crée à Londres, sur King's Road, une boutique d'abord baptisée *Let It Rock*. L'endroit vend de la mode *fifties* avec une devise : « Faire des vêtements dans des matières très pauvres pour les vendre à des gens très riches. »[1] Mais le rock ne vend pas assez ; aussi Mac Laren rebaptise-t-il la boutique *Sex*. Comme son nom l'indique, celle-ci propose un assortiment digne des meilleurs sex-shops. Mais Mac Laren n'entend pas se limiter aux vêtements ; il devient également le manager d'un groupe baptisé – l'homme a de la suite dans les idées – les « Sex Pistols ». Afin de compenser la modestie du budget de promotion du groupe, Mac Laren choisit la voie la plus courte entre l'obscurité et la première page des journaux : le scandale. La stratégie qui permettra de lancer marques et tendances, de Benetton au « Porno Chic », lance cette fois-ci un groupe. Pour parvenir à ses fins, Mac Laren fait chan-

1. Cité par Alexis Bernier et François Buot, *op. cit.*, p. 90.

ter au groupe à la BBC un « God save the Queen » revu par ses soins, commençant par les mots « Dieu sauve la reine et son régime fasciste qui vous rend débiles ». Il affuble ses créatures de croix gammées et, pour faire bonne mesure, de badges marxistes léninistes. En octobre 1976, *Libération* consacre sa Une au mouvement punk : le mouvement crée une tendance massive, inconnue depuis la vague hippie, dont il prend l'exact contre-pied. Les babas prônaient l'amour, le punk promeut la violence, les uns se lançaient dans d'interminables solos de guitare, les autres jouent des chansons courtes, très rapides, les cheveux courts, teints, ou les crêtes succèdent aux chevelures longues et naturelles. Qui plus est, le mouvement punk n'a pas été récupéré : il était lancé à la base comme un produit. Comme le chantera plus tard Johnny Rotten, ancien chanteur des « Sex Pistols » :

> « *Ce n'est pas une chanson d'amour*
> *Heureux de posséder*
> *Malheureux de ne pas posséder*
> *Le grand business est très malin*
> *Moi aussi je veux faire des affaires.* »

Les modes perdent progressivement leur signification idéologique ; elles deviennent une industrie. Ce tournant fait écho à la situation décrite par le sociologue Jean Duvignaud dans son enquête consacrée aux jeunes en 1974-1975 : « Aucun des jeunes interrogés sauf deux ou trois parmi les idéologues, écrit-il, ne fait l'option que la société puisse être détruite ou simplement ne pas se conserver. »[1] Cette résignation conduit ces jeunes, explique Duvignaud, à s'enfermer dans des niches, « bals, boîtes, drogues, appartements

1. Jean Duvignaud, *La planète des jeunes,* Paris, Stock, 1975.

44

plus chaleureux, métiers isolatoires ». La génération rêvait au mode de révolution, elle se contentera de la mode tout court. À l'issue du punk, toutes les autres modes successives se contenteront de proposer nouvelle esthétique, musique et vêtements propres, sans accompagner cela d'un discours politique quelconque. Des *new waves* au gothique en passant par le disco, les modes jeunes se succèdent désormais débarrassées de tout message politique, abandonnant le terrain à la « mode pure ». Cette succession rapide des modes a provoqué un intérêt soutenu pour les tendances. Journalistes, consultants et « tendanceurs » s'efforcent d'exposer les causes des engouements. La plupart d'entre eux expliquent les modes par un hypothétique esprit du temps ; ce faisant, ils ont recours, le plus souvent sans le savoir, à une conception essentialiste des tendances.

Chapitre III

L'ORIGINE DES TENDANCES :
L'ESSENTIALISME ET SES LIMITES

Une première famille d'explication en sociologie des tendances interprète les modes comme la conséquence de l'esprit du temps, le produit de l'essence d'une époque. Cette conception essentialiste des tendances trouve son origine dans une lecture structuraliste des phénomènes de mode inspirée par la linguistique. Pour cette perspective, les tendances constitueraient un langage au travers duquel l'époque révélerait sa vraie nature.

I. – La sémiologie, science des tendances

Selon une idée communément acceptée, une société produit des signes et des symboles qui peuvent être décryptés. Pour le linguiste Ferdinand de Saussure (1857-1913), cette tâche justifiait la création d'une science : la sémiologie. Cette discipline, expliquait-il, aurait pour tâche d'étudier « la vie des signes au sein de la vie sociale ; elle formerait une partie de la psychologie sociale, et par conséquent de la psychologie générale [...]. Elle nous apprendrait en quoi consistent les signes, quelles lois les régissent »[1]. Quelques décennies plus tard, Roland Barthes (1915-1980), en marge

1. Ferdinand de Saussure, *Cours de linguistique générale,* Paris, Payot, 1964, p. 33.

de ses travaux sur la littérature, tirait la sémiologie des limbes pour l'appliquer aux objets de la culture de masse.

1. **Barthes le pionnier.** – Les *Mythologies*[1] de Roland Barthes appartiennent désormais à notre mythologie. L'ouvrage contenait la promesse d'une science du frivole. Non seulement la légitimité universitaire se penchait sur la mode, mais elle proposait même un décryptage des objets familiers qui formaient le quotidien. Dans une langue ironique et féroce, Barthes proposait un voyage en terre familière évoquant le mariage d'une starlette, les vacances du gotha ou l'univers des catcheurs. Dans cette exploration de la culture commune des années 1950, Barthes réservait une place particulière aux objets les plus ordinaires. Aussi étudiait-il la Citroën DS, le steak frites ou bien encore le vin et le lait. L'enjeu de chacun des courts textes qui compose l'ouvrage est de montrer comment l'insignifiant signifie, à quel point une chose *a priori* muette peut se révéler bavarde sur l'époque.

Dans *Mythologies,* Barthes façonne une méthode : il la présente au travers d'exemples concrets dans la première partie de l'ouvrage, puis tente de la théoriser dans une seconde partie. Chaque objet fait selon lui système : il rassemble à la fois un signifiant – forme et fonction – et un signifié. Chaque objet révélateur d'une époque peut être interprété comme un mythe – autrement dit, comme un signe métalinguistique. Pour Barthes, la somme de ces mythes constitue l'imaginaire du moment, lequel est gouverné par « l'idéologie petite-bourgeoise ». Cette pensée de classe est promise à dominer, selon Barthes, la culture de masse.

1. Roland Barthes, *Mythologies,* Paris, Le Seuil, 1957.

Dans le tableau qu'il dresse de cette culture, Barthes mélange jugement de fait et jugement de valeur ; sa description est indissociable de la réprobation que lui inspire cette culture. La sémiologie selon Barthes est un exercice de démystification ; elle remplit sa mission lorsqu'elle débusque derrière le signe sa signification. Les fiches cuisine du magazine *Elle* se présentent comme de banales recettes ? Pour Barthes, elles servent d'évangile à l'idéologie petite-bourgeoise de la ménagère, celle qui fuit le naturel en camouflant les aliments derrière des artifices décoratifs. Le guide Bleu passe pour un guide de voyages ? Il distille en réalité un système de valeurs où la morale petite-bourgeoise se taille la part du lion.

Avec *Système de la mode,* Barthes poursuit son analyse de l'époque en s'intéressant exclusivement au discours que la presse féminine tient sur la mode. Cette démarche le conduit donc à analyser un métalangage : celui que les magazines tiennent sur le langage vestimentaire. Une telle démarche vise à dégager l'économie interne de la mode. Barthes, au travers de l'exercice, recherche la compréhension des mécanismes par lesquels la mode impose sa norme au travers d'un système serré de contrainte. Celle-ci aboutit à la construction d'une créature mythique, la femme de mode qui est « à la fois ce que la lectrice est et ce qu'elle rêve d'être ; son profil psychologique est à peu près celui de toutes les célébrités "racontées" quotidiennement par la culture de masse »[1].

Avec ses deux ouvrages, Barthes propose notamment une méthode d'analyse de la mode et des tendances nourries au structuralisme de Claude Lévi-Strauss.

1. Roland Barthes, *Système de la mode,* Paris, Le Seuil, 1967, p. 263.

Partageant ainsi une croyance chère aux anthropologues, il considère que les objets de toutes les civilisations, y compris de la nôtre, peuvent être traités comme des symptômes. Analyser la mode comme un langage est un rapprochement fécond ; à coup sûr, les tendances racontent l'époque. Toutefois, il n'est pas certain que cette perspective soit autre chose qu'une métaphore. Difficile en effet de voir comment la sémiologie permet de penser concrètement les tendances. En transformant les objets en symbole d'une époque, elle débouche plutôt sur une causalité circulaire : toute mode est condamnée à coïncider avec l'esprit du temps. Une telle explication ne vaut qu'*a posteriori* ; en revanche, elle se révèle généralement incapable de déboucher sur une grammaire générative des tendances qui permettrait, par exemple, de comprendre la succession des modes.

Cette manière d'appréhender la mode se heurte aux limites traditionnelles du structuralisme. L'approche barthésienne présuppose un pouvoir mystérieux, responsable de la mode d'une époque. Qu'il s'agisse de l'idéologie petite-bourgeoise ou d'un autre imaginaire, les tendances trouvent leur source auprès d'une origine unique. La sémiologie ambitionne donc de découvrir la logique à l'œuvre dans chaque époque, laquelle logique se déploie à l'insu des acteurs. Une telle démarche prête à la mode une « rationalité collective inintentionnelle »[1]. À défaut d'être démontrée, une telle hypothèse pourrait être retenue si elle semblait congruente aux faits observés. Mais, *a posteriori,* nombre d'analyses de Barthes – le fameux steak frites ou bien encore le vin et le lait – semblent démenties par les faits.

1. Voir Maxime Parodi, *La modernité manquée du structuralisme,* Paris, PUF, 2004, p. 31.

2. Baudrillard : théorie du simulacre ou simulacre de théorie ? – L'approche sémiologique a largement inspiré les travaux que Jean Baudrillard (1929-2007) consacra à la mode et aux tendances. À ses yeux, les tendances régissant les objets devaient s'interpréter comme la « croyance en la toute-puissance des signes ». Selon lui, l'homme occidental prête aux objets un pouvoir magique. Du reste, cette faculté n'a rien d'imaginaire ; en effet, « on ne consomme jamais l'objet en soi (dans sa valeur d'usage) – écrit Baudrillard –, on manipule toujours les objets (au sens le plus large) comme signes qui vous distinguent soit en vous affiliant à votre groupe pris comme référence idéale, soit en vous démarquant de votre groupe par référence à un groupe de statut supérieur »[1]. Ainsi, les modernes se comporteraient comme des créatures hypnotisées par les objets ; leur monde n'aurait que l'apparence de la réalité envahie par des signes qui constituent autant de simulacres. Pour la plupart illusionnés, les hommes sont désormais incapables de prendre conscience des faux-semblants qui les entourent.

Pour Baudrillard, cette absence de prise de conscience permet au système de perdurer. Pour se perpétuer, le capitalisme doit transformer les individus en consommateurs insatiables. D'où le caractère indispensable des tendances qui incitent des foules grégaires à acquérir les signes que le système leur tend. Baudrillard dépeint le gouvernement des tendances comme un totalitarisme ; dans ses textes, il est question d'une « dictature totale de la mode »[2], ou bien encore d'un « dressage mental des masses » organisé par

---

1. Jean Baudrillard, *La société de consommation,* Paris, Denoël, 1970, p. 79.
2. *Ibid.,* p. 87.

la publicité et les médias. Le tout contribue à un gigantesque gaspillage où des hommes réduits à l'état de somnambules offrent leurs existences en sacrifice à l'idole consumériste.

Dans cette perspective, les tendances ont comme essence la *libido dominandi* du système capitaliste. Il a besoin d'elles pour se maintenir ; elles incarnent les dogmes du parti créé par cette « dictature *soft* ». Reste que cette théorie repose sur un paradoxe qui en limite considérablement la pertinence. En effet, Baudrillard prête aux producteurs une capacité de manipulation sans borne. Mais, dans le même temps, il dénie aux consommateurs la plus petite parcelle de libre arbitre. Comment expliquer le caractère intermittent de cette lucidité ? Au bout du compte, Baudrillard attribue aux producteurs un pouvoir qu'ils rêveraient probablement d'avoir mais dont ils ne disposent pas ; dans le même temps, il affirme sa défiance vis-à-vis de l'individu. « Le choix fondamental, inconscient, automatique du consommateur, écrit-il, est d'accepter le style de vie d'une société particulière (ce n'est donc plus un choix ! – et la théorie de l'autonomie et de la souveraineté du consommateur est démentie par là même). »[1] Un tel cauchemar est heureusement démenti par les faits ; le consommateur n'est pas une créature soumise aux désirs des producteurs comme en témoignent les échecs essuyés par les producteurs, tendances mort-nées et autres tentatives qui n'ont jamais connu le succès. En outre, cette approche ne parvient pas à expliquer comment apparaissent les tendances régissant les domaines non marchands de nos existences.

La démarche de Baudrillard demeure emblématique d'une conception manipulationniste des tendances. À

1. *Ibid.*, p. 95.

l'origine de celles-ci, on voudrait entrevoir la patte d'un pouvoir mystérieux et omnipotent. Une telle perspective résonne comme un constat d'échec, ne parvenant pas à expliquer la genèse des tendances qu'elle attribue à un pouvoir occulte. L'explication apparaîtra comme peu satisfaisante.

II. – Les tendances, reflet de l'état de la société

L'idée selon laquelle la mode est, pour la société, une manière de prendre la parole est aujourd'hui communément admise. Dans la presse, cette conception est spontanément évoquée lorsqu'il s'agit d'expliquer l'apparition d'une tendance. Ainsi, les formes rondes trahiraient notre besoin de douceur, le retour des *sixties* la nostalgie d'une période heureuse, etc. Ce type de raisonnement doit beaucoup à un anthropologue aujourd'hui oublié : Alfred Kroeber (1876-1960).

1. **Kroeber : moral des ménages et longueur des jupes.** – La longueur des jupes trahit-elle le moral des individus ? C'est la question, très sérieuse, à laquelle Kroeber chercha à répondre. En 1899, l'anthropologue arrive à Paris et regarde les femmes. Il en tirera la première étude systématique publiée vingt ans plus tard dans l'*American Anthropologist* sur les modifications de la longueur des jupes des femmes. Sa vie durant, Kroeber travaillera sur ce thème, consacrant encore une ultime étude à ce sujet en 1952.

Dans sa première tentative de décrire les tendances, Kroeber bâtit un appareil statistique. Influencé par Francis Galton et Gustave Le Bon, il considère qu'il faut quantifier les phénomènes observés pour permettre aux sciences humaines d'être définitivement rangées parmi les sciences. Pour lui, la longueur des jupes raconte le même récit que « le drame français, celui de l'Espagne ou de l'ancienne Athènes [...] l'apparition, l'épanouissement, l'apogée, le déclin puis la mort »[1]. Dans ce qui peut passer pour un insignifiant détail vestimentaire, c'est le principe même de l'ordre dans la civilisation qui est en jeu. Du coup, il mesura un grand nombre de gravures de mode, de 1844 à 1919, en provenance de France et d'Amérique du Nord. Six mesures principales étaient prises. Selon les résultats obtenus, la forme des jupes décrit un cycle sur le long terme d'une périodicité d'un siècle et demi. Par la suite, Kroeber étendit la période d'examen jusqu'à trois siècles, interprétant des données de 1787 à 1936. Cette dernière étude remet en cause le caractère régulier et harmonieux des cycles observés. Sur le temps long, les tendances abritent des irrégularités ; en particulier, sur deux périodes, 1785-1835 et 1910-1936, aucun cycle aisément reconnaissable ne se dessine.

Pour expliquer ces périodes de grande instabilité, Kroeber est conduit à faire précisément ce qu'il tentait d'éviter : invoquer des causes sociales aux changements de la mode. Comme il l'a souligné, « la révolution, l'Empire napoléonien, les guerres mondiales, les combats pour les droits de l'homme, le communisme et le fascisme, les voitures et le jazz ont largement influencé la mode. Mais s'il est possible de conjecturer une telle influence, celle-ci demeure impossible à prouver »[2]. Aujourd'hui, plus aucun anthropologue ne se risquerait à tenter de prouver l'existence d'une telle

---

1. A. Kroeber, On the principle of order in civilization as exemplified by changes of fashion, *American Anthropologist,* 21 (3), 1919, p. 236.
2. A. Kroeber, J. Richardson, Three centuries of women's dress fashions : A quantitative analysis, *in* A. Kroeber, *The Nature of Culture,* Chicago, University of Chicago Press, 1952, p. 147.

corrélation. Dans le sens commun, en revanche, on croise souvent des assertions de ce genre. Elles prennent place aux côtés d'autres tentatives d'expliquer les tendances par l'état de la société.

2. **Tendanceurs et pop-sociologie.** – L'esprit d'une époque se trouve-t-il au fond de ses placards ? C'est probablement ce que pensent ceux qui tentent de mettre en relation une tendance particulière avec l'état d'une société. Faut-il expliquer la vogue du treillis ? On invoque l'ambiance post-11 Septembre, même si l'engouement pour ce pantalon avait débuté bien avant. Le vêtement militaire décline face à un tricot plus pacifique ? C'est parce qu'il incarne « les mailles de l'amitié », il relie les générations entre elles, dans une matière douce et confortable[1]. Le décryptage des tendances, aujourd'hui très tendance, se présente sous la forme d'une sociologie sauvage – une « pop-sociologie » – qui expliquerait nos goûts par un esprit du temps aussi vague qu'omniprésent. Puisque les tendances changent, par nature, ces experts doivent être capables de tout expliquer, une chose et son contraire, à l'instar de cette « spécialiste » qui présente la nouvelle vogue en matière de mobilier par ces termes : « Ce jeune siècle verra le Nord et le Sud s'embrasser [pour constituer] un modernisme à la fois archaïque et contemporain. »[2] Ce type d'explication peut difficilement passer pour convaincante ; elle sombre le plus souvent dans un piège interprétatif, un discours plus ou moins astucieux asséné sans preuve.

Quelquefois, ces tendanceurs se réclament de la sémiologie, prétendant poursuivre la méthode inaugurée

1. *Le Figaro,* 11 mars 2003.
2. *Libération,* 12 novembre 2004.

par Roland Barthes. Pourtant, Barthes n'aurait jamais accordé sa bénédiction à de tels discours. En effet, dans ses *Mythologies,* Barthes dote le mythe de limites formelles et non substantielles. Selon lui, tout peut parler aux hommes, mais rien n'est fatalement obligé de leur parler. C'est qu'à ses yeux tout peut être à la mode, « chaque objet du monde peut passer d'une existence fermée, muette, à un état oral »[1]. Bien sûr, à un certain niveau de généralités, les déterminismes sociaux des tendances sont évidents. Comment douter, par exemple, que le port du pantalon chez les femmes signe leur émancipation, ou bien encore que la victoire du jeans indique la déroute du formel ? Pour autant, toute tendance observée n'est pas nécessaire : la victoire du jeans n'est pas celle du pyjama, le pantalon appartient certes au vestiaire féminin mais la cravate n'y a fait que de timides apparitions.

La plus grande faiblesse de ces tentatives réside dans cette propension à vouloir expliquer des phénomènes sociaux sans se soucier de la subjectivité des acteurs. Les tendances sont interprétées en fonction d'une macrosociologie approximative, sans jamais que soit interrogée leur signification pour les personnes. Tout se passe comme si les objets parlaient à l'insu des hommes, la matière devenant finalement plus bavarde que les individus. Dans le même temps, le jeu interne à la mode qui explique le passage d'une forme à l'autre n'est pas exploré. Ainsi, l'idée selon laquelle les tendances auraient leur propre logique n'est pas sérieusement examinée. Du coup, ces discours réussissent à vouloir expliquer les modes tout en faisant complètement l'impasse sur ce qui constitue leurs singularités.

1. Roland Barthes, *Mythologies,* Paris, Le Seuil, 1957, p. 194.

3. **De la difficulté de déchiffrer les symboles.** – Pour les partisans d'une conception symbolique des tendances, il est possible d'expliquer ces phénomènes sans se soucier de l'avis de ceux qui les plébiscitent. En effet, les symboles fonctionnent à l'échelle collective, indépendamment des décisions individuelles.

Toutefois, percer la symbolique du temps présent est une opération qui ne va pas de soi. Ainsi, pendant des siècles, les couleurs ont eu, en Occident, une symbolique bien précise. C'est ce qui a permis à l'historien Michel Pastoureau d'expliquer comment le bleu a été associé à la pureté virginale puis à la famille royale[1]. Mais ce système de signification établi sur le temps long est aujourd'hui durement mis à mal par les caprices des tendances. Dorénavant, l'« esprit des couleurs » peut varier considérablement sur un bref intervalle de temps. C'est ainsi que le gris a longtemps été synonyme de haute technologie et d'efficacité. Un yaourt proposé dans un pot gris a par exemple été boudé par les consommateurs qui l'assimilaient à un médicament. *A contrario,* le blanc évoquait la pureté, et c'est la raison pour laquelle il était très employé dans les emballages de produits alimentaires. En revanche, cette couleur était rarement employée pour les objets technologiques : on la pensait synonyme de froideur ou de passivité. Du coup, depuis des années, les gadgets électroniques étaient gris ou, à la rigueur, bleu. L'iPod d'Apple, lancé dans une robe blanche éclatante, a balayé ces certitudes. Le succès mondial de ce baladeur a largement contribué à réintroduire le blanc parmi les couleurs possibles pour un objet technologique.

1. Michel Pastoureau, *Bleu : histoire d'une couleur,* Paris, Le Seuil, 2000.

Autre exemple de symbolique mouvante : celle contenue par l'alimentation. Barthes avait fait du « bifteck » l'un des symboles de la « francité » ; son prestige, écrivait-il, « tient à sa quasi-crudité : le sang y est visible, naturel, dense, compact et sécable [...]. Manger le bifteck saignant représente donc à la fois une nature et une morale ». Eh bien, cette morale est en train d'évoluer ; l'hypothétique symbole cède face aux tendances. Désormais, les Français achètent de moins en moins de viande de bœuf et de mouton. Cela ne doit rien à la crise de la vache folle puisque cette consommation décline dès la fin des années 1980, soit dix ans avant que l'encéphalopathie spongiforme bovine (ESB) ne devienne un sujet de préoccupation national. Dans le même temps, la part des poissons et des produits de la mer n'a cessé de croître dans notre alimentation. Cette nouvelle tendance témoigne à la fois de nouvelles préoccupations diététiques, mais aussi, peut-être, d'une nouvelle sensibilité aux souffrances animales. Ainsi, la symbolique du repas a été complètement bouleversée. Autre changement important dans le menu : l'usage du sucré-salé dans la cuisine « recherchée ». Jadis, le canard à l'orange faisait les délices de la table bourgeoise, les jours de fête. Aujourd'hui un tel plat passe pour complètement démodé ; le sel et le sucre continuent à se marier, mais leur union doit être scellée autrement, à l'image des glaces salées qui commencent à apparaître dans certains restaurants.

La nouvelle connotation technologique du blanc, comme la méfiance soudaine pour la viande, en témoignent : ces conventions paraissent si éphémères qu'il paraît difficile de les assimiler à des symboles possédant une signification sur le temps long. L'idée même d' « arbitraire collectif », à l'origine des tendances, oblige à se méfier d'une hypothétique logique des choses : les goûts se diffusent dans la société sans qu'il soit possible de leur conférer une explication triviale. Cela s'observe par exemple dans le domaine de la maison : nombre de choix d'architecture ou de décoration plébiscités par les Français reposent sur ce type d' « arbitraire collectif ». Prenons un exemple précis : celui des portes de garage. La préférence pour les portes à ouvertures verticales sur les portes qui s'ouvrent de manière traditionnelle peut s'expliquer pour des raisons fonctionnelles. Le premier système prend en effet moins de place que le second. Toutefois, cette tendance fonctionnelle ne permet pas d'expliquer une tendance non fonctionnelle : la préférence témoignée, lorsque le budget le permet, aux « portes sectionnelles », composée de segments, qui se dissimulent dans le plafond une fois le garage ouvert. Ce cas particulier permet de mesurer la genèse complexe de certaines tendances.

III. – **En mode, le messager prime le message**

Si la lecture symbolique des tendances ne parvient pas à rendre leur genèse intelligible, c'est peut-être qu'elle s'intéresse trop au message et pas assez au messager. Ainsi, les conceptions essentialistes de la mode partent du postulat selon lequel il est possible d'isoler les causes d'un engouement pour un objet – comme s'il existait une demande sociale en phase avec les vogues du moment. En essayant d'associer le contenu d'une mode à l'état de la société, ces démarches ne prennent pas en compte le fait que les conditions du lancement d'une mode importent plus que ce qui est lancé.

1. **Merton et la prophétie autoréalisatrice.** – En tant qu'*arbitraires collectifs,* les tendances ne sont pas gouvernées par un principe qui distinguerait ce qui est

en vogue de ce qui ne l'est pas. En d'autres termes, tout objet peut devenir tendance. Ce qui sépare cette éventualité de sa réalisation, c'est la croyance collective qu'un objet est effectivement à la mode. En sociologie, le mécanisme par lequel une croyance se transforme en réalité porte un nom : celui de prophétie autoréalisatrice.

Le principe de la prophétie autoréalisatrice formulé pour la première fois par le sociologue Robert K. Merton (1910-2003) peut se résumer de la manière suivante : lorsque les hommes tiennent une chose pour réelle, elle le devient dans ses conséquences. Un tel mécanisme joue un rôle essentiel dans la société ; selon Merton, ce critère permet même de distinguer le social du naturel. En effet, « les définitions collectives d'une situation (prophétie et prévisions) font partie intégrante de la situation et affectent ainsi ses développements ultérieurs. Ce fait est particulier à l'homme et ne se retrouve pas ailleurs dans la nature. Les prévisions sur le retour de la comète de Halley n'influent pas sur son orbite. Mais la rumeur de l'insolvabilité de la banque de Millingville eut une conséquence directe sur son sort. Prophétiser son effondrement suffisait à le provoquer »[1]. L'exemple d'une faillite bancaire est édifiant ; il permet de prendre conscience de la force sociale de la croyance, mais aussi de la possibilité que l'action non concertée d'une foule aboutisse à un résultat qu'aucun de ces individus ne souhaitait. Les épargnants se massent au guichet pour ne pas subir la faillite éventuelle de la banque ; mais, paradoxalement, c'est leur mouvement de panique qui précipite la faillite de la banque. Rien ne prédestinait cet éta-

---

1. Robert K. Merton, *Éléments de théorie et de méthode sociologique,* Paris, Armand Colin, 1997, p. 139.

blissement de crédit à se trouver en cessation de paiement ; de la même façon, rien ne garantissait à un objet, ou à une pratique, la certitude de devenir tendance. Seule la croyance partagée, cet *arbitraire collectif,* a pu transformer une possibilité en réalité. Suffit-il qu'un objet soit considéré comme tendance pour qu'il le devienne ?

2. **Kate Moss, disciple de Merton ?** – Même si l'expression « prophétie autoréalisatrice » n'est pas passée dans le langage courant, le principe qui la sous-tend est bien connu des professionnels de la mode. Son illustration la plus familière est le lancement de nouvelles tendances par le biais de célébrités. L'influence des *people* dans le domaine des tendances est bien connue et largement utilisée. Son efficacité est une conséquence du principe formulé par Merton : il suffit qu'une personnalité en vue plébiscite un objet pour que celui-ci devienne tendance.

Prenons un exemple : supposons que la mode soit aux jeans moulants. Qu'arrivera-t-il si une femme a l'audace d'en porter un extralarge ? *A priori,* il ne se passera rien. À moins que cette femme ne s'appelle Kate Moss et qu'elle décide, comme en 2007, que la tendance serrée, qu'elle a pourtant largement contribué à lancer, mérite d'être remerciée. Du coup, le jean extralarge est devenu tendance. Consciente de son influence sur les modes, Kate Moss a décidé d'en profiter pour son propre compte. Au lieu de mettre son image au service des autres, marques ou distributeurs, elle a décidé de profiter directement des facultés de son patronyme. C'est pourquoi elle s'est associée en 2007 au distributeur Topshop pour créer sa propre ligne de vêtements. Comme s'il s'agissait de prouver la puissance du mécanisme, Kate Moss a donné son nom à une collection de vêtements présentant peu d'intérêt du point de vue de la mode. Du reste, cette garde-robe n'était pas composée de produits pensés ou créés par elle, mais de vêtements symbolisant son *look,* faisant dire à un critique de mode qu'il s'agissait là de la première ligne « postmoderne – autrement dit, autoréférencée »[1]. Les ventes se révélèrent excellentes : l'opération fut à la fois un succès pour Kate Moss et pour Merton.

3. Les oracles de la mode. – Le monde de la mode est parfaitement conscient de devoir ses succès à la prophétie autoréalisatrice. C'est pourquoi, pour peser sur les tendances, les protagonistes du jeu s'efforcent de montrer qu'ils sont tendance.

La presse de mode est dans l'obligation de se plier à l'exercice. Comme l'avait remarqué Barthes, le pouvoir de ces magazines repose sur une « confusion audacieuse entre le passé et l'avenir, ce qu'on a décidé et ce qui va survenir : on enregistre une mode dans le moment même où on l'annonce, dans le moment même où on la prescrit »[2]. C'est pourquoi les conseils délivrés par ces journaux se présentent sous la forme d'impératifs catégoriques. À la manière d'oracle, ces journaux donnent des ordres comme les papes fulminent des bulles. Les lectrices sont interpellées sous la forme de « il faut », « on a envie de » et autres variations sur le thème du *« must have »*. « Des *Havaianas* [tongs brésiliennes], oui, mais des *slim* [à la semelle fine] », écrit par exemple le mensuel *Elle*[3]. Tout aussi

1. *New York Post,* 6 avril 2007.
2. Roland Barthes, *Système de la mode,* Paris, Le Seuil, 1967, p. 273.
3. Ces exemples comme ceux qui suivent proviennent du *Elle* nº 3204 du 28 mai 2007.

impitoyable, Anne Boulay[1] dit « adieu au string », le sous-vêtement lui paraissant définitivement fini. En cette matière aussi, les preuves fatiguent la vérité : les tendances n'ont pas besoin de démonstration mais de maîtres et de maîtresses.

Bien entendu, le pouvoir de gouverner les tendances s'entretient. Chaque journal, en fonction de son lectorat, distille propositions sages et conseils audacieux. Ces suggestions servent aussi bien à préconiser des tendances qu'à situer le journal dans l'univers des tendances. Une stratégie semblable doit être suivie par tous ceux – stylistes, directeurs artistiques ou tendanceurs – dont la mode est la profession. Chacun d'entre eux voit sa capacité d'influer sur les tendances calculée en fonction de sa propension à être tendance. Tous se retrouvent dans la situation de prêtres chargés de garantir le salut de leurs fidèles. Leur condition pose la question du charisme, formulée par Max Weber.

L'oracle des tendances tire son pouvoir de son charisme ; les facultés surnaturelles qu'on lui prête le transforment en prophète. À la manière d'un prêtre, il se livre à la transsubstantiation : ce qu'il consacre se transforme en mode. Celui qui dispose du charisme bénéficie du don de réaliser, dans sa vie quotidienne, des miracles. Cette faculté lui permet de bénéficier d'un prestige certain, d'attirer à lui fidèles et disciples. Toutefois, le personnage charismatique paie un lourd tribut pour bénéficier de cette aura ; sans cesse, il lui faut donner la preuve de son pouvoir, faute de quoi on se détournera de lui. Semblable mésaventure arriva, selon Max Weber, à Jésus sur la croix : « Sem-

---

1. Anne Boulay, L'adieu au string, *Le Nouvel Observateur,* 23 novembre 2006.

blant abandonné par son dieu [...] les fidèles pensèrent que ses pouvoirs l'avaient déserté. »[1]

Pour éviter de donner en permanence des gages de leurs pouvoirs, les prêtres peuvent institutionnaliser leurs dons, en créant par exemple une Église ; Max Weber parle à ce sujet de *routinisation* du charisme. Cette opération permet de transformer le charisme en une « qualité *a)* transférable *b)* que l'on peut acquérir *c)* attachée au destinataire d'une charge ou à une fonction institutionnelle indépendamment de celui qui la remplit »[2]. Nombre d'institutions dans le domaine des tendances tentent de « routiniser leur charisme » ; c'est par exemple le cas des griffes de mode qui acquièrent ainsi le pouvoir de transsubstantiation. Un jeu de boules est un objet banal, voire vulgaire ; proposé chez Vuitton, il bénéficiera d'une tout autre aura. Semblable opération est également à l'œuvre dans les boutiques baptisées « concepts stores ».

4. **La routinisation du charisme : l'exemple des concepts stores.** – Dans la plupart des boutiques, on vend des objets. Mais, dans un « concept store », on vend de la prophétie autoréalisatrice. Depuis son ouverture, en 1997, le magasin *Colette* se livre à ce commerce. Un commerce aux secrets inavouables : comment fait-elle, cette femme qui dirige le magasin éponyme, pour savoir ce qui demain sera tendance ? Eh bien, elle ne se pose plus la question ! Car elle sait que son magasin bénéficie aujourd'hui d'une telle aura dans le monde de la mode, qu'il lui suffit d'élire un objet pour que celui-ci devienne à la mode. La vitrine

1. Max Weber, *Economy and Society,* New York, Bedminster Press, 1968, p. 1114.
2. *Ibid.,* p. 1135.

du magasin devient la vitrine des tendances. Les marques ont d'ailleurs à ce point intégré le caractère auto-réalisateur de la distribution de ce magasin que la difficulté est, pour elles, tout autant de créer des produits tendance que d'intégrer ce point de vente pour montrer leur légitimité dans ce domaine. Des lancements spéciaux sont effectués dans cette boutique qui sert de blanc-seing aux produits sélectionnés. Être vendu dans la boutique apporte un label de mode ; dès lors, elle peut tout vendre, y compris des compilations musicales auxquelles elle donne son nom, gage de mode.

Interrogée sur la manière dont sont sélectionnés les produits, l'acheteuse de chez *Colette* décrit une approche intuitive, reposant sur la subjectivité du « coup de cœur ». Mais ce cœur a ses raisons. En premier lieu, afin de rester dans la tendance, la néomanie tient lieu de dogme maison – une règle conforme au proverbe chez Lagerfeld : « Seul le futur est intéressant dans la mode. » Peu importe qu'il s'agisse de vendre une eau minérale, un gadget hi-fi, un parfum ou un vêtement – « style-design-art-food » comme le dit la devanture –, pourvu qu'il y ait quelque chose de nouveau dans la proposition. C'est le cas de Kiehl's, cet apothicaire new-yorkais désormais célèbre, introduit pour la première fois chez *Colette* en 1997. En second lieu, il s'agit de rester nécessairement dans une logique de rareté. Ainsi, les New Balance promues par *Colette* ne font plus partie de l'assortiment, dès lors qu'on en trouve dans tous les magasins. De la même façon, des marques de jeans très pointues ont cessé d'être proposées dans la boutique dès que le succès les a rendus disponibles dans un cercle plus large que celui des *happy few*.

Le charisme du concept store peut tout consacrer, y compris une odeur. C'est précisément ce qui est arrivé à l'odeur de figue choisie par *Colette* comme emblème olfactif du magasin. En 1997, une telle flagrance était rarement utilisée et c'est la raison pour laquelle elle avait été choisie par le point de vente. Aujourd'hui, elle se trouve dans de multiples produits grand public. En 2007, trois parfums à la figue se disputaient les faveurs du public, des soins pour le corps utilisaient l'arome de ce fruit, un gel douche, etc. Une molécule chimique utilisée en parfumerie, la zinarine, a même été enrichie d'une tonalité de figues. Le succès de cette note parfumée vérifie une fois de plus la pertinence de la prophétie autoréalisatrice ; il illustre également la propension des tendances à se diffuser au sein de la société.

Chapitre IV

LE MODE DE DOMINATION
DES TENDANCES

À en croire certaines théories, la diffusion de certaines modes s'explique par le vecteur qui les a propagées au sein d'une société. En ce sens, ces démarches considèrent que le messager l'emporte sur le message. C'est la raison pour laquelle ces explications ne s'intéressent guère au contenu des modes ; elles se préoccupent essentiellement de leur diffusion. Pour certaines d'entre elles, l'existence des tendances trahit la propension humaine au mimétisme.

I. – L'homme, cet animal mimétique

En 1950, Imo eut une bonne idée ; elle trempa ses patates douces dans l'eau avant de les manger. Un an plus tard, tous ses semblables procédaient de la même façon, les macaques de l'île de Koshima au Japon[1] venaient d'inventer *leur* nouvelle cuisine. Mais les êtres humains procèdent-ils de la sorte ? Le mimétisme pose la question de la part d'animalité contenue dans le comportement humain. Une part inscrite d'ailleurs dans notre cerveau, puisque sans nos neurones miroirs nous serions bien en peine d'imiter qui que ce soit. Peut-on pour autant qualifier le comportement humain

1. Lee Dugatkin, *The Imitation Factor,* New York, The Free Press, 2001, p. 170-172.

de moutonnier ? L'existence des tendances est bien souvent invoquée pour comparer les foules à des *Sheeple,* contraction de *people* et de *sheep,* « mouton ». Dans l'histoire de la sociologie, la question du mimétisme a eu son importance ; Gabriel Tarde (1843-1904) plaçait ainsi le phénomène au cœur de la vie sociale dans son maître livre, *Les lois de l'imitation* (1890).

1. **Tarde et les lois de l'imitation.** – Ce qui attirait Tarde dans la question de l'imitation, ce n'était pas les victimes de la mode mais les victimes tout court. Juge d'instruction pendant plus de vingt ans, il commença par s'intéresser à la criminologie. Au cours de ses recherches dans ce domaine, il attribua un rôle essentiel à deux facteurs : l'invention et l'imitation. Selon lui, chaque homme est mû par des causes individuelles, originales et inexplicables. Mais, dans le même temps, les êtres agissent sous l'empire de causalités exemplaires – autrement dit, par mimétisme. « La réalité sociale, écrit-il, c'est l'imitation sous toutes ses formes au sens actif et passif. »[1]

Cette conception du fait social connut un vif succès ; Tarde fut traduit en plusieurs langues. Tout au long d'une œuvre prolifique, il assimila l'imitation à un phénomène psychologique proche de l'hypnose. Il alla même jusqu'à qualifier l'imitateur de somnambule, comparaison dont il regretta par la suite le caractère excessif. Selon lui, il existait deux types de « lois de l'imitation ». Les premières sont des lois logiques ; les secondes, des lois extralogiques. Les lois logiques engendrent les nouvelles idées. Dans un premier temps, le

1. Gabriel Tarde, *La criminalité comparée,* Paris, Alcan, 1886, p. 81. Voir Jean Milet, Gabriel Tarde et la psychologie sociale, *Revue française de sociologie,* XIII, 1972, p. 472-484.

corps social se livre à une « méditation collective ». Avant de s'imposer, la nouveauté doit combattre les anciennes idées, un balancement plus ou moins long peut suivre. Le combat s'achève nécessairement sur l'alternative suivante : l'une des formes triomphe ou bien une synthèse se fait jour. Selon Tarde, l'histoire des langues s'éclairerait à partir de ce processus.

Mais toute la vie sociale ne se déroule pas aussi simplement ; Tarde perçut également l'influence de lois extralogiques. Des perturbations peuvent ébranler la vie sociale, venant des tréfonds de la nature humaine. Brutales, ces forces font office de facteurs de renouvellement, sous l'influence des élites. Une nouvelle norme s'impose du haut vers le bas et bouleverse tout sur son passage. Tarde distingue à cet égard des époques qu'il qualifie de « temps de mode », où la vitalité s'exerce sans retenue, d'époques plus apaisées dominées par la « coutume ». Pour Tarde, la réalité sociale est déterminée par la bataille qui oppose anciennes et nouvelles idées ; les unes cherchent à s'imposer, les autres à perdurer. Dans cette perspective, les tendances apparaîtraient à l'issue de ces affrontements. Leur emprise n'épargne selon lui aucune portion de notre existence collective ; « une œuvre sociale quelconque ayant un caractère à soi plus ou moins marqué, écrit-il, un produit industriel, un vers, une formule, une idée politique ou autre apparue un jour quelque part dans le coin d'un cerveau, rêve comme Alexandre la conquête du monde, cherche à se projeter par milliers d'exemplaires partout ou il y a des hommes, et ne s'arrête dans ce chemin que refoulée par le choc de sa rivale non moins ambitieuse »[1].

1. Gabriel Tarde, *Monadologie et sociologie,* Paris, Les Empêcheurs de penser en rond, 1999 (édition originale : 1895), p. 96.

Plus riche et complexe qu'on le dit communément, l'œuvre de Tarde a connu le sort réservé aux vaincus, après le triomphe de l'école durkheimienne. Cette réflexion sur l'imitation porte la trace des interrogations de la sociologie à l'époque de sa fondation comme discipline. Les pionniers cherchaient alors à répondre à une même question : comment faire société en dehors des cadres de la société traditionnelle ? La démocratie obligeait à penser une collectivité d'égaux, où plus aucune influence, monarchique ou religieuse, ne s'imposait de manière absolue. Au-delà de la question de l'imitation, c'est la question des foules qui intéressait des penseurs aussi divers que Tarde, Durkheim ou Le Bon. Au travers du mimétisme, ils cherchaient à comprendre l'animal politique ; aujourd'hui, c'est également le comportement de la bête de mode qu'il s'agit d'expliquer.

2. **La « mémétique », science de l'imitation.** – Près de cent ans après Gabriel Tarde, une nouvelle tentative de bâtir une science de l'imitation est apparue. Cette nouvelle discipline baptisée « mémétique » ne s'inscrit plus parmi les sciences sociales ; elle s'autorise désormais de la biologie. En effet, ce savoir se propose de prolonger l'intuition d'un biologiste, Richard Dawkins, qui postulait, en 1976, l'existence d'objets nommés des mémés, régissant notre vie culturelle à la manière dont nos gènes gouvernent notre existence naturelle. Dawkins les présente de la manière suivante : « Comme exemples de mêmes on peut citer les mélodies, les slogans, les modes vestimentaires, les façons de fabriquer les pots ou de construire des arches. De même que les gènes se propagent à travers le bassin génétique en bondissant de corps en corps via les spermatozoïdes [...] les mêmes se propagent dans le

bassin mémétique en sautant de cerveaux en cerveaux, par le biais d'un processus qui, au sens le plus large, peut être appelé imitation. »[1]

La mémétique a donc l'ambition d'étudier les faits culturels dans une perspective inspirée par la théorie de l'évolution. En particulier, elle chercherait à comprendre comment ces codes évoluent par transmission, variation et sélection parmi les hommes. Une telle perspective n'était pas complètement inédite ; elle rejoignait certaines pistes lancées par des penseurs comme l'évolutionnisme spiritualiste de Pierre Teilhard de Chardin (1881-1955) ou la théorie de l'évolution culturelle de Friedrich August von Hayek (1899-1992). Mais, à la différence de ces autres tentatives, la mémétique assigne un contenant au code culturel – le « mème » – lequel est indépendant de l'individu. Chez Tarde, l'imitation se déroulait à l'échelle individuelle, de manière microsociale. Dans la mémétique, le processus d'évolution culturelle se déroule à l'insu des acteurs ; la pensée l'emporte sur le penseur.

Il se pourrait qu'une telle démarche aide à éclairer des règles morales ou certains invariants anthropologiques. En revanche, dans le domaine des tendances, la mémétique semble être peu utile. Le postulat selon lequel notre comportement serait gouverné par des mémés s'accorde mal avec le constat des variations des tendances. Dans ce domaine, la question de l'imitation ne se pose pas à l'échelle de l'espèce mais à un niveau beaucoup plus local, pour lequel une approche génétique et culturelle semble dénuée de toute pertinence.

---

1. Cité par Pascal Jouxtel, *Comment les systèmes pondent,* Paris, Le Pommier, 2005, p. 38-39.

3. Une épidémie de *tipping point*. – Difficile à traduire en français, l'expression *tipping point* pourrait désigner un « point de basculement ». C'est en tout cas la notion choisie par Malcom Gladwell pour servir de titre à un ouvrage devenu depuis un best-seller, dans lequel il délivrait une conception épidémiologique des modes. Dans ce contexte, le *tipping point* désignait le moment où une tendance se diffuse brutalement dans une société.

À l'origine, la notion de *tipping point* a été forgée par le sociologue Morton Grodzins[1] qui travaillait sur des questions qui n'avaient rien de frivoles. Celui-ci étudiait la cohabitation au sein d'un même quartier de familles noires et de familles blanches ; l'expression désignait, selon lui, le pourcentage de familles noires au-delà duquel les Blancs déménageaient. C'est cette notion de « seuil » qui intéressa Malcom Gladwell ; selon lui, il existe un point critique au-delà duquel les objets ou les pratiques se diffusent à la manière d'une épidémie fulgurante. C'est pourquoi on trouve, étudiées dans son ouvrage, des configurations aussi diverses que la mode des chaussures « *Hush Puppies* », le succès de l'émission « Sesame Street » ou le recul de l'insécurité à New York.

Selon Malcolm Gladwell, les épidémies sociales se diffusent par l'intermédiaire de trois catégories de personnes. En premier lieu, il leur faut des *mavens,* terme yiddish qui désigne des personnes dotées d'un grand savoir. Les *mavens* possèdent de nombreuses connaissances et orientent les individus. Au sein d'une collectivité, ces personnages jouent le rôle de base de données : ils distillent un message. Ensuite, la diffusion

---

1. Morton Grodzins, *The Metropolitan Area as a Racial Problem,* Pittsburgh, Pittsburgh University Press, 1958.

des tendances requiert des « connecteurs » qui jouent le rôle de carrefour pour la communication sociale. Ils n'ont pas toujours un message spécifique à diffuser mais ils connaissent beaucoup de monde et jouent par conséquent un rôle central dans le bouche-à-oreille. Enfin, les modes nécessitent des « commerciaux » qui ont un intérêt direct – financier ou symbolique – dans la diffusion d'une tendance.

Toutefois, contrairement à d'autres auteurs, Malcolm Gladwell pense que la vitesse de diffusion d'une mode dépend de sa « contagiosité » ; il ne se désintéresse donc pas du « contenu » de la mode. En effet, selon lui, les hommes n'imitent pas n'importe quoi ; la pratique ou l'objet considéré doit posséder des caractéristiques intrinsèques qui expliquent la vigueur de sa diffusion. L'un des exemples étudié éclaire la démarche. Gladwell s'est penché sur le destin d'un ouvrage devenu un best-seller surprise, aux États-Unis : *Divine Secrets of the Ya Ya Sisterhood,* publié par Rebecca Wells en 1996. Écrit par un auteur inconnu, l'ouvrage a été vendu à 2,5 millions d'exemplaires avant d'être porté au cinéma. Comment expliquer un tel succès ? À sa parution, le livre bénéficia de bonnes critiques ; il se vendit à près de 15 000 exemplaires. L'éditeur décida de publier une seconde édition, et d'assurer une promotion à l'ouvrage. C'est à ce moment précis que l'ouvrage connut son *tipping point* : ce basculement correspondait aux premières tournées de l'auteur. Chaque lecture attirait un public considérable, principalement des femmes. Beaucoup d'entre elles achetaient plusieurs exemplaires de l'ouvrage de telle sorte que les ventes du livre augmentaient plus rapidement que prévu. Qu'est-ce qui expliquait ces achats massifs ? La conviction propagée par le bouche-à-oreille – le *buzz* – que le *Divine Secrets of the*

Ya Ya Sisterhood convenait à merveille aux clubs de lecture. Le livre était en effet censé présenter deux qualités rarement réunies au sein d'un même ouvrage : pouvoir donner lieu à une discussion autour de son thème mais demeurer suffisamment accessible pour permettre à tous d'y participer. C'est la rencontre de cette formule inédite et des clubs qui conduisit ce roman jusqu'à Hollywood et jusqu'au succès.

La démarche de Malcolm Gladwell tente de résoudre deux difficultés rencontrées par les théories qui tentent d'expliquer les tendances par la propension humaine au mimétisme. En distinguant, parmi les hommes, « *mavens,* connecteurs et commerciaux », son analyse s'essaie à distribuer les rôles dans le processus mimétique. Puisque les individus n'imitent pas n'importe qui, Malcolm Gladwell s'efforce de comprendre qui ils imitent. En outre, la nature de l'objet contagieux n'est pas indifférente ; elle demande à être précisée pour comprendre comment se diffusent les tendances. Pour autant, cet ouvrage ne répond pas de manière convaincante à ces deux questions. En effet, rien n'indique que les individus endossent en permanence les mêmes rôles vis-à-vis de leurs contemporains. Et le fait de qualifier un objet de « contagieux » ne dit rien des raisons pour lesquelles il l'est.

4. **Mimétisme et conformisme social.** – À coup sûr, l'homme est un animal mimétique ; mais ce qu'il faut expliciter, ce sont les rouages de ce mécanisme imitatif. À la différence d'une maladie, une mode se diffuse avec l'approbation des individus. Le conformisme social façonne les existences ; pour autant, les individus n'imitent pas leurs congénères de manière aléatoire, sans qu'ils aient pour ce faire de bonnes raisons. Invoquer un contenant aux processus mimétiques, qu'on

l'appelle « même » ou non, lequel s'opposerait à certaines tendances et en faciliterait d'autres, ne permet pas de résoudre cette difficulté. En effet, ces explications seraient uniquement capables d'expliquer *a posteriori* l'apparition d'une mode. Enfin, ultime lacune des théories du mimétisme humain : les modèles épidémiologiques, comme le rappelle Dan Sperber[1], décrivent la transmission de maladies qui restent identiques à elles-mêmes, régies par des variations limitées et prévisibles. Les modes peuvent au contraire être interprétées, et donc modifiées, à chaque fois qu'elles sont transmises. De ce fait, les individus, qu'ils soient producteurs ou consommateurs, contribuent à façonner leurs propres tendances.

Si le mimétisme joue un rôle dans l'apparition des modes, les tendances ne se réduisent pas à ce mécanisme. Les individus n'imitent pas leurs semblables à la manière de somnambules ; la vie en société incite au contraire chacun à développer ses propres « tactiques », comme l'a souligné Michel de Certeau. Avec l'effritement des communautés traditionnelles, les identités contemporaines sont devenues plus complexes ; c'est ce qui explique que les consommateurs soient devenus en quelque sorte des « immigrants »[2]. À la différence d'Imo, ce macaque du Japon, les individus choisissent entre différents styles de vie, recomposent leur identité à partir d'objets variés et souvent inattendus. C'est ce jeu complexe qui donne naissance aux tendances.

1. Dan Sperber, *La contagion des idées,* Paris, Odile Jacob, 1996, p. 82.
2. Michel de Certeau, *L'invention du quotidien,* 1 : *Arts de faire,* Paris, Gallimard, 1990, p. XLVII.

II. – Le combat pour les tendances

Proposant une variante aux explications des tendances par l'imitation, le sociologue Thorstein Veblen (1857-1929) et l'anthropologue René Girard délivrent une conception agonistique de la mode. Selon eux, c'est moins le mimétisme qui gouverne les hommes que la rivalité mimétique.

1. Veblen et la consommation ostentatoire. – Pour Thorstein Veblen, ce qui incite les hommes à suivre la tendance, c'est... son coût ! Selon lui, l'amour de la mode est l'une des illustrations les plus parlantes de la « consommation ostentatoire », notion censée régir nos rapports avec la marchandise.

Observant ses contemporains aux prises avec le capitalisme du début du XXᵉ siècle, Veblen acquiert la conviction que le besoin et l'utilité n'expliquent en aucune manière la fascination que les objets exercent sur les hommes. « Aucune classe de la société, écrit-il, même si elle se trouve dans la pauvreté la plus abjecte, ne s'interdit toute habitude de consommation ostentatoire. »[1] À ses yeux, une fois résolue la question de la nécessité, l'homme cherche à satisfaire des besoins spirituels et sociaux. La mode vestimentaire est l'un de ces besoins ; dans nos sociétés, explique-t-il, on ne s'habille plus pour se protéger du froid. Si l'on choisit ses tenues avec soin, si l'on dépense pour elles des sommes inconsidérées, c'est pour montrer aux autres que l'on est capable de gaspiller. La société est le siège d'une rivalité où chacun tente d'en remonter aux autres par le biais de ses possessions. Dans ce contexte,

---

1. Thorstein Veblen, *Théorie de la classe de loisir,* Paris, Gallimard, 1970, p. 57.

c'est la classe de loisir qui gouverne, un groupe d'individus dont le seul travail est de choisir la stratégie de gaspillage la plus voyante. Dès lors, les hommes n'ont qu'une alternative : appartenir à cette classe, ou imiter tant bien que mal son comportement.

La mode, poursuit Veblen, s'adapte particulièrement bien à la consommation ostentatoire. Voilà une préoccupation qui conduit à un triple gaspillage. Gaspillage d'argent, bien sûr, puisque le renouvellement de la garde-robe n'est plus dicté par l'usage. Mais aussi gaspillage de temps, puisque la mode est chronophage : pour pouvoir dilapider son pécule de manière efficace, il faut disposer d'un certain nombre de connaissances dans ce domaine. Or la classe de loisir, nous dit Veblen, adore se mettre en scène dans des activités à la fois prenantes et inutiles, parmi lesquelles il cite l'apprentissage des langues mortes, la pratique des sciences occultes ou... la découverte des tendances. Quoi de plus superflu, explique-t-il, que de devoir se tenir informé des « dernières particularités de l'habillement, de l'ameublement, de l'équipement »[1] ? Enfin, ultime intérêt de la mode dans le cadre de la consommation ostentatoire : dans la plupart de ses formes, elle est incompatible avec toute activité laborieuse. Ainsi, explique Veblen, la femme qui arbore des talons hauts ou un corset se condamne à l'oisiveté. L'habillement dans ce contexte devient le signe de la supériorité pécuniaire.

Du coup, les tendances pour Veblen sont tout simplement la conséquence de notre volonté de gaspillage. Nous aimons le nouveau et le rare parce qu'il est cher et nous permet de nous livrer à une consomma-

1. *Ibid.*, p. 32.

tion ostentatoire. Ce que nous prenons pour notre goût est en réalité une ruse que nous tend cette volonté de comparer notre puissance pécuniaire avec celle de nos semblables. C'est cette rivalité mimétique qui se trouve à l'origine du renouvellement permanent des tendances. En effet, il faut s'habiller pour impressionner ses contemporains ; mais l'émulation qui est en cours oblige à une surenchère constante ; la recherche de la dernière mode est donc une quête qui ne trouve jamais de terme.

C'est à Veblen que nous devons l'idée selon laquelle le prix d'un objet n'aurait pas seulement une signification économique, mais aussi une signification sociale ; cette notion porte aujourd'hui le nom d' « effet Veblen ». Ce mécanisme permet de comprendre pourquoi la demande pour un bien peut être d'autant plus forte que son prix est élevé. Aux yeux de Veblen, ce qu'il y a de plus désirable dans certains objets de luxe, c'est leur prix... Enfin, les thèses du sociologue ont permis de forger une autre notion, parfois baptisée « Bandwagon » ou « snob effect » : l'idée selon laquelle l'attirance pour un objet est subordonnée au comportement d'autres consommateurs.

Servies par un style corrosif, les thèses de Veblen se sont largement diffusées dans la société. Le regard sans concession qu'il pose sur ses contemporains mêle pertinence et impertinence. Comment se priver de Veblen lorsqu'il s'agit d'expliquer la tendance des logos ? Comment expliquer, sans lui, qu'un banal polo soit moins désirable qu'un produit identique muni d'un petit crocodile ?

Toutefois, il paraît délicat d'accepter l'explication d'ensemble qu'il confère aux tendances. En premier lieu, Veblen a probablement été trop dur avec ses contemporains. Il les soupçonne d'être dupes d'un mécanisme – la consommation ostentatoire – qui les manipule à leur insu. Mais rien ne prouve que les individus ne soient pas pleinement conscients des effets qu'ils recherchent lorsqu'ils arborent des symboles évoquant le luxe ou l'opulence. Par ailleurs, il semble difficile d'affirmer qu'aujourd'hui la classe de loisir sert d'étalon du bon goût. Au contraire, même : se livrer à la consommation ostentatoire, c'est s'exposer à être catalogué comme un nouveau riche, qui aurait besoin en quelque sorte d'affirmer son statut social. Enfin, de nombreuses tendances semblent tout simplement éloignées de la moindre signification monétaire. Le principe de la consommation ostentatoire semble incapable d'expliquer leur genèse. Le travail de Veblen sur la mode a inspiré une grande diversité de théoriciens, de Jean Baudrillard à Pierre Bourdieu. Parmi eux l'un d'entre eux possède une place à part : il s'agit de René Girard, qui reprend à Veblen la notion de rivalité mimétique pour élaborer une anthropologie charismatique.

2. **Un bouc émissaire tendance : René Girard.** – Les auteurs à la mode ne s'intéressent pas tous à la mode : en témoigne l'exemple de René Girard. Depuis les années 1960, cet anthropologue est l'un des rares à proposer une théorie complète du phénomène humain. Et celle-ci repose en grande part sur la propension des individus à imiter leur prochain, propension désignée chez René Girard sous le nom de *mimesis*.

Qu'est-ce-que la *mimesis* ? « C'est notre oxygène »[1], répond René Girard, une notion aussi fondamentale à la compréhension de notre vie sociale que celle de l'oxygène pour la combustion. En substance, ce terme

1. René Girard, *Des choses cachées depuis la fondation du monde,* Paris, Grasset, 1978, p. 67.

désigne la puissance qui nous amène à convoiter ce que l'autre désire. Car nos désirs nous sont toujours dictés par autrui : comme le disait Shakespeare dans un sonnet cher à Girard : « Tu l'aimes, toi, car tu sais que je l'aime. » Reste que cette convergence est dangereuse pour la société. En effet, comment tout le monde pourrait-il convoiter la même chose ? La *mimesis* conduit donc presque à coup sûr au conflit. Dès lors, cette force unificatrice, loin d'apaiser une société de semblables, nourrit des désirs promis à la frustration ; elle est, par nature, génératrice de violence. Cette rivalité conduit les hommes presque mécaniquement à une crise mimétique – autrement dit, à un épisode de violence provoqué par une focalisation sur un même désir. Voilà pourquoi la société doit trouver un mécanisme susceptible de résoudre cette crise mimétique susceptible de compromettre l'avenir de la société. C'est à cet effet qu'a été inventé un mécanisme que René Girard décrit comme universel : le bouc émissaire.

Ce bouc émissaire, c'est une victime innocente que les hommes vont tenir pour responsable de la *mimesis* violente qui les contamine tous[1]. Cette croyance, sous l'effet d'un processus d'autoréalisation, sera vérifiée. En effet, « en détruisant la victime émissaire, les hommes croiront se débarrasser de leur mal et ils s'en débarrasseront effectivement car il n'y aura plus, entre eux, de violence fascinante »[2]. Ce que cherche René Girard, ce n'est pas l'explication modeste d'un fait social – les tendances –, mais une théorie générale de la culture. Car, pour lui, l'authentique bouc émissaire

1. René Girard, *La violence et le sacré,* Paris, Grasset, 1972, p. 121.
2. *Ibid.*

– ou, en tout cas, le plus à même d'arrêter la crise mimétique –, c'est Jésus-Christ. Seule sa *mimesis* de l'amour peut abolir celle de la rivalité et de la haine. On le voit, une telle hypothèse nous éloigne, considérablement, à la fois des tendances, et des sciences humaines. Cette tentative de relier les Évangiles et l'anthropologie débouche sur une construction ambitieuse à laquelle on ne peut adhérer qu'au terme d'un acte de foi.

III. – Pierre Bourdieu
et la diffusion verticale des goûts

Pour Veblen, les tendances naissaient de la volonté des classes dominées d'imiter les classes dominantes. Comme il l'écrivait, « les usages, les gestes et opinions de la classe riche et oisive prennent le caractère d'un code établi, qui dicte sa conduite au reste de la société »[1]. Cette conception s'est popularisée en sociologie sous le nom de « diffusion verticale des goûts ». Elle a notamment été défendue par Pierre Bourdieu (1930-2002) qui la résumait à l'aide d'une formule lapidaire : « Un emblème de la classe (dans tous les sens du terme) dépérit lorsqu'il perd son pouvoir distinctif [...]. Lorsque la minijupe est arrivée aux corons de Béthune, on repart [de] zéro. »[2] Dans cette perspective, la société est le lieu d'une rivalité entre les différentes classes. Les tendances – autrement dit, la convergence des goûts sont la conséquence de la focalisation des désirs : tous se portent sur les attributs de la classe dominante. Mais, dans cette lutte, les *challen-*

---

1. Thorstein Veblen, *op. cit.,* p. 132.
2. Pierre Bourdieu, *Questions de sociologie,* Paris, Éd. de Minuit, 2004, p. 201.

gers – autrement dit, les dominés – partent avec une longueur de retard, par avance battus.

L'idée selon laquelle les classes se distinguent les unes des autres, notamment par leur mode de consommation, a été forgée par un auteur aujourd'hui oublié : Edmond Goblot (1858-1935). C'est à ce sociologue que l'on doit l'idée aujourd'hui banale selon laquelle la consommation tient lieu, entre les classes sociales, à la fois de niveau et de barrière[1]. De *barrière* parce qu'elle visait selon Goblot à permettre à la bourgeoisie de se distinguer des autres classes, tout en organisant son mode de vie de manière homogène, partageant donc un même *niveau*. Les signes que se donnent les classes supérieures constituent, pour les autres strates de la société, une sorte d'horizon idéal. Les efforts des classes les moins favorisées consisteront donc à imiter les individus situés au-dessus d'eux ; les tendances se diffuseraient ainsi par imitation des classes supérieures par les classes inférieures. Un tel mécanisme a été baptisé « diffusion verticale des goûts ». Autour de ces deux notions s'articule une interprétation des tendances perçues comme un instrument de domination et de stratification sociale.

1. **Mode de domination des dominants.** – Pour Pierre Bourdieu, le goût n'existe pas ; celui-ci n'est que la conséquence de l'organisation sociale d'une société. La ruse du social consiste, selon lui, à nous faire croire que nos choix en matière esthétique ou culturelle sont à la fois spontanés et désintéressés. En réalité, nos goûts fonctionneraient comme des « marqueurs de classe » ; les groupes sociaux recomposeraient avec

---

1. Edmond Goblot, *La barrière et le niveau : étude sociologique sur la bourgeoisie française moderne,* Paris, Alcan, 1925.

leurs pratiques culturelles, artistiques ou dans leur mode de vie la stratification générale de la société. Pour le sociologue, il existerait une homologie de structure entre les choix des acteurs et leur position sociale.

Selon Bourdieu, les goûts des individus correspondent à leur « capital » ainsi qu'à leur « habitus ».

Le « capital » désigne l'ensemble des ressources sociales ou culturelles dont un individu bénéficie de par son appartenance de classe. Cette perspective marque une inflexion par rapport aux théories marxistes traditionnelles qui ne tiennent compte que du capital économique. Le nouveau riche aura tout autant de mal que le toujours pauvre à comprendre les principes du « bon goût ». Pour Bourdieu, il ne fait pas de doute que les goûts esthétiques d'un individu ne sont pas fonction de son pouvoir. En revanche, ils dépendent de l'habilité de l'individu à comprendre les codes de la culture dominante, une aptitude façonnée par l' « habitus ».

L'habitus désigne les manières d'agir conscientes et inconscientes incorporées par l'individu au travers de ses premières expériences de socialisation, dans sa famille et à l'école. Au terme de cette expérience, l'individu se dote de « structures structurées prédisposées à fonctionner comme structures structurantes ». L'habitus ne condamne pas les individus à agir d'une seule et même façon. Il les dote néanmoins d'une compétence sociale qui les associe à une place particulière au sein de la société.

D'après Bourdieu, les choix esthétiques des individus sont déterminés par leur capital et leur habitus. Nos pratiques culturelles révèlent la classe à laquelle nous appartenons. Ainsi, « la vision du monde d'un vieil artisan ébéniste, sa manière de gérer son budget, [...] ses choix vestimentaires, sont tout entiers présents dans son éthique du travail scrupuleux et impeccable, du soigné, du fignolé »[1]. Dans le même ordre d'idées, le mot « soigné » est une qualité pour ceux qui aiment le travail bien fait, le fini, tandis que l'usage du mot « drôle » dénotera un goût bourgeois ou snob. Il est donc possible de tracer une relation d'équivalence entre la classe à laquelle appartiennent les individus et leur style de vie, depuis leurs comportements de consommation jusqu'à leurs options esthétiques. Le parallélisme entre ces deux mondes – univers des classes sociales, d'une part ; éventail des goûts, d'autre part – dénote une « homologie structurale » : comprendre l'un permet de déchiffrer l'autre.

C'est à cet exercice que s'est livré Bourdieu dans *La distinction*[2] : bâtir une « critique sociale du jugement de goût », la *critique* désignant ici les différentes catégories qui supportent et donc expliquent ce jugement. Son ambition est de mettre en évidence les déterminismes sociaux qui conduisent une même classe sociale à partager des goûts communs en matières d'alimentation, de goûts artistiques ou de manière de se vêtir. Ainsi explique-t-il que les ouvriers plébiscitent des aliments nourrissants, c'est-à-dire lourds et gras ; de la même façon, ils choisiront des vêtements lourds et efficaces, ou bien encore un art épais et sans finesse. Une telle situation, selon Bourdieu, va se perpétuer ; la démocratisation passe à ses yeux pour un leurre. Car ce qui freine les moins privilégiés dans la possession des emblèmes de la classe supérieure, ce n'est pas uniquement la barrière pécuniaire. Les classes popu-

1. Pierre Bourdieu, Monique de Saint-Martin, Anatomie du goût, *Actes de la recherche en sciences sociales,* vol. 2, n° 5, 1976, p. 19.
2. Pierre Bourdieu, *La distinction : critique sociale du jugement,* Paris, Éd. de Minuit, 1979.

laires ont intériorisé les contraintes qui s'appliquent à elles. Du coup, ces individus renoncent tout naturellement à la possession d'un objet qui les ferait passer d'une situation de « prétendant prétentieux » à celle de « détenteur assuré ». Quand bien même ils auraient la possibilité d'accéder à des pratiques habituellement réservées à d'autres classes, ils se censureraient, formulant des « rappels à l'ordre », sur le mode du : « Ce n'est pas pour des gens comme nous. »[1]

2. **La griffe, emblème de la classe.** – La mode, dans cette approche, ne peut être que « la dernière mode, la dernière différence »[2]. Selon Bourdieu[3], celle-ci n'a qu'un but : servir « d'emblème de la classe (dans tous les sens du terme) ». Les créateurs de mode, explique-t-il, appartiennent nécessairement aux classes dominantes : ils peuvent en être issus ou faire corps avec elles. Cette théorie des tendances repose sur une conception « irrationaliste » du couturier. Le créateur de mode, pour Bourdieu, n'est pas un calculateur rationnel : il ne crée pas en rapprochant une demande d'une offre supposée. En un sens, *il crée ce qu'il est* ; son crayon suit ses goûts, trahit en quelque sorte la position qu'il occupe dans l'espace de production. Une telle théorie suppose de situer précisément chacun des protagonistes du champ en termes de capital culturel ou social. C'est la raison pour laquelle Bourdieu pense souvent à l'aide d'antagonismes. Ainsi oppose-t-il Balmain, couturier de « droite », tenant d'une conception conservatrice de la mode, proposant des

1. *Ibid.,* p. 20.
2. Pierre Bourdieu, *Questions de sociologie, op. cit.,* p. 201.
3. Pierre Bourdieu, Le couturier et sa griffe : contribution à une théorie de la magie, *Actes de la recherche en sciences sociales,* n° 1, janvier 1975, p. 11.

vêtements qualifiés de luxueux, exclusifs, prestigieux ou traditionnels par la presse, à Scherrer, créateur de « gauche », « super-chic, kitsch, humoristique »[1]. Ou bien encore, il distingue Dior, en 1976, d'Ungaro et Paco Rabanne. Pour être moderne, explique-t-il, Rabanne n'a pas à se faire violence : il doit se contenter d'être ce qu'il est, de créer selon sa nature. Ainsi Bourdieu retrouve-t-il dans le style de décoration intérieure des maisons de créateur leur position respective dans le champ. Chez Balmain, c'est le goût de l'ancien qui prédomine, Givenchy fait une place au moderne dans son classicisme, tandis que Cardin défend une conception moderne du baroque. À l'autre extrémité, se trouvent les domiciles de Courrèges, résolument moderne, ou celui d'Hechter dominé par un laisser-aller étudié et un dénuement volontaire[2].

Un couturier parvient, selon Bourdieu, à traduire en vêtement un capital social et culturel donné. Il transpose dans ses créations vestimentaires les goûts de la classe sociale à laquelle il appartient, le souci de distinction sociale de cette classe. Voilà pourquoi le sociologue insiste sur le capital relationnel dont jouissent la plupart des créateurs, toujours présentés en fonction des prestigieuses maisons où ils ont officié auparavant : ce qui est en cause, ce sont moins les compétences techniques du créateur que ses compétences symboliques à mobiliser ses semblables à l'intérieur et à l'extérieur du champ. À l'intérieur, parce qu'il doit être reconnu par ses pairs et ceux qui comptent (journalistes, critiques de mode, etc.) ; à l'extérieur, puisque le public qui occupe la même place que

---

1. Pierre Bourdieu, *Questions de sociologie, op. cit.,* p. 198.
2. Pierre Bourdieu, Le couturier et sa griffe : contribution à une théorie de la magie, *loc. cit.,* p. 11.

lui dans l'espace social le reconnaît, grâce à cet arti-
fice, comme l'un des siens. Évidemment, aucun couturier ne considère sa planche à dessin comme l'instrument de domination d'une classe sur une autre.
D'après Bourdieu, cette dénégation du caractère social
de la mode a pour auteurs « ceux qui abusent [parce
qu'ils] sont abusés et abusent d'autant mieux qu'ils
sont plus abusés ; ils sont d'autant plus mystificateurs
qu'ils sont plus mystifiés. Pour jouer ce jeu, il faut
croire à l'idéologie de la création et, quand on est
journaliste de mode, il n'est pas bon d'avoir une vision
sociologique de la mode »[1].

Plus de trente ans après la formulation de cette
théorie, celle-ci ne semble pas complètement vérifiée
dans les faits. L'idée selon laquelle des « dominés »
chercheraient à singer des « dominants » dans leur
style vestimentaire paraît datée. La mode est forgée
par plusieurs influences dont certaines ne proviennent
pas des portions les plus favorisées de la société. La
diffusion verticale des goûts, la copie des couches sociales supérieures par les strates inférieures ne décrit
pas la réalité des modes. Philippe Besnard et Cyril
Grange[2] l'ont souligné en matière de prénoms : les patronymes donnés par les « mondains » – par exemple,
Sixtine ou Quitterie à l'époque où l'enquête a été réalisée – n'annoncent pas ceux qui seront repris par la
suite à l'échelle nationale. Dans le domaine vestimentaire, Nicolas Herpin[3] a montré qu'entre 1956 et 1984
les disparités entre catégories sociales se sont accrues.

1. Pierre Bourdieu, *Questions de sociologie, op. cit.,* p. 205.
2. Philippe Besnard, Cyril Grange, La fin de la diffusion verticale des goûts ?, *L'Année sociologique,* n° 43, 1993, p. 269-294.
3. Nicolas Herpin, L'habillement : une dépense sur le déclin,
Économie et statistique, 192, 1986, p. 65-74.

L'idée selon laquelle les modes se diffusaient par cascade depuis les nantis jusqu'aux plus pauvres se révélait ainsi démentie par les faits. Pour des raisons qui dépassent le domaine vestimentaire, la grille hiérarchique ne semble plus adéquate pour décrire notre société. Pour la mode adolescente, la situation est même pratiquement inversée : tous les signes de marginalité sont évidemment privilégiés. Le « bon chic bon genre » est le style d'une infime minorité de *teenagers,* et ce ne sont bien sûr pas eux que tous les autres cherchent à imiter. La plupart des jeunes sont fascinés par ceux qui incarnent la culture urbaine, qu'ils soient *skaters, ravers* ou encore *rappers.* Cette attitude s'estompe dans la majorité des cas avec l'entrée dans le monde du travail. Toutefois, le style de vie de la grande bourgeoisie ne fait plus rêver : on peut désirer sa richesse, certainement pas ses modes.

IV. – Le réseau des influences

La diffusion verticale des goûts est un cas particulier développé à partir d'un constat impossible à réfuter : les tendances naissent des influences. D'où l'idée formulée par des professionnels du marketing selon laquelle les individus sources de ces influences seraient... des « influenceurs » !

D'après leurs découvreurs, les « influenceurs »[1] constitueraient environ 10 % des Américains. Toujours en avance sur les tendances, ils gouverneraient les goûts du reste de la population. Cette idée a inspiré de nombreux développements, souvent astucieux,

1. Kerry Patterson, Joseph Grenny, David Maxfield, Ron McMillan, Al Switzler, *The Influencer : The Power to change Anything,* New York, McGraw-Hill, 2007.

mais rarement démontrés. D'autres experts en tendance proposent par exemple de distinguer les *early users,* toujours en avance d'une époque, des *early adopters,* prêts à leur emboîter le pas. Multipliant les segmentations, certains travaux distinguent jusqu'à neuf catégories d'innovateurs, initiateurs de tendances. Mais aucune de ces études ne parvient à établir de manière convaincante que ces individus sont toujours les mêmes. Leur description reprend en général des caractéristiques standard : on les dit jeunes, aisés, éduqués, etc. Rien ne prouve que ces segmentations ne soient pas de simples stéréotypes. Car les derniers travaux consacrés à la question montrent que l'on est influencé par le réseau auquel on appartient et non par des personnes spécialisées dans ce rôle.

1. **Plus les réseaux que les influences.** – Selon la sociologie des réseaux, nos influences ne proviennent pas d'une catégorie d'individus, dotés d'une compétence dans ce domaine, mais du réseau de sociabilité auquel chacun appartient. Comme l'ont souligné Michel Forsé et Alain Degenne[1], les individus n'appartiennent pas seulement à des catégories sociales ; ils font également partie de réseaux. Ce sont ces appartenances qui influencent profondément les goûts et les pratiques des individus.

Ainsi, des individus éloignés, pourvu qu'ils soient membres de notre réseau de connaissance, peuvent influer sur notre comportement. C'est ce qu'a démontré Mark S. Granovetter[2] au travers d'une notion de-

---

1. Alain Degenne, Michel Forsé, *Les réseaux sociaux. Une approche structurale en sociologie,* Paris, Armand Colin, 1994.
2. Mark S. Granovetter, The strength of weak ties, *The American Journal of Sociology,* vol. 78, n° 6, 1973, 1360-1380.

meurée célèbre : « la force des liens faibles ». La recherche de Granovetter ne porte pas sur les tendances mais sur la recherche d'emploi des individus. Il présente une conclusion surprenante : quand il s'agit de trouver du travail, de lancer un restaurant ou de lancer une tendance, nos meilleurs amis jouent un rôle moins important que nos simples connaissances, celles vis-à-vis de qui nous entretenons des liens faibles. Pour étayer cette assertion, Granovetter chercha à savoir comment des chômeurs avaient retrouvé un emploi ; dans 27,8 % des cas, ils avaient bénéficié de l'aide d'un « lien faible », 16,7 % seulement avaient profité du secours d'un de leurs proches amis. Ce paradoxe s'explique aisément : les amis proches fréquentent généralement les mêmes cercles et partagent par conséquent des idées semblables, une même représentation du monde et un réseau de sociabilité identique. C'est pourquoi, selon Granovetter, ces chômeurs ont dû sortir du premier cercle de connaissance pour retrouver un emploi.

Connaissance proche, connaissance lointaine : notre comportement subit l'influence de personnes éloignées. Ou, plus exactement : des personnes en apparence éloignées peuvent être en réalité proches de nous. Ainsi, avant même l'invention des moyens de communication contemporains, le psychosociologue Stanley Milgram a montré que deux personnes choisies au hasard sur le territoire américain n'étaient séparées que par 5,2 personnes. Pour aboutir à ce résultat, il a calculé la moyenne des contacts intermédiaires nécessaires à une lettre pour aller d'un échantillon de personnes choisies au hasard à un groupe cible. Il leur était dit : « Si vous connaissez l'individu objectif personnellement, envoyez-lui le dossier directement. Ne le faites que si vous avez au préalable rencontré cet individu et si vous

vous connaissez l'un l'autre tout à fait personnellement. Si vous ne connaissez pas cet individu personnellement, n'essayez pas d'entrer en contact avec lui directement. Envoyez plutôt ce dossier à une connaissance personnelle qui est susceptible de le connaître mieux que vous. Vous pouvez envoyer le dossier à un ami, à un parent ou à une simple relation, mais ce doit toujours être quelqu'un que vous connaissez personnellement. »[1]

Cette expérience est désormais connue sous le nom de « six degrés de séparation » – Milgram n'a jamais utilisé l'expression. Cette expérience a été reproduite depuis avec différents aléas. Sur Internet, le chiffre de cinq intermédiaires est respecté. Pour le monde entier, il semble s'établir à 10 ou 12 liens de connaissance. Cette fourchette resserrée montre le grand degré de connexion des individus. Notre monde est un petit monde ; ou, plus exactement, le réseau social constitué par ceux qui l'habitent est très dense. Voilà pourquoi la contagion sociale peut se diffuser à une vitesse très rapide.

2. **Qui sont les « influenceurs » ?** – Les « influenceurs » ne sont donc pas forcément ceux que l'on croit. On les imagine charismatiques, leaders d'opinion, incontournables ; ils peuvent au contraire être pratiquement indétectables. Leur principale qualité est de pouvoir servir de « nœud d'information » – autrement dit, de mettre en rapport les individus les uns avec les autres. Du coup, les personnages situés au cœur des réseaux sociaux sont en réalité très éloignés du profil qu'on aurait pu leur prêter, comme en témoignent les deux exemples suivants.

1. Cf. Alain Degenne, Michel Forsé, *op. cit.*, p. 18-21.

Paul Erdos (1916-1997), mathématicien prolifique mais peu connu, est, à cet égard, un exemple édifiant. On lui doit 1 500 articles, rédigés avec 507 coauteurs. Erdos a probablement servi de carrefour à nombre d'informations, au vu de la quantité d'individus qu'il a croisés tout au long de sa vie. Ce théoricien des réseaux vivait en quelque sorte en accord avec ses théories. Ce chercheur excentrique n'avait pas de domicile et s'invitait chez des collègues, parcourant ainsi le monde. À chacune de ses visites, il menait un travail de recherche avec son collègue et, son article fini, demandait à son coauteur de lui indiquer un autre mathématicien chez qui il allait s'installer. Ses étudiants, désireux en quelque sorte d'expérimenter les théories d'Erdos sur sa propre vie, lui ont attribué le numéro 0. Cela signifie que tous ceux qui avaient rédigé un article avec lui se voyaient attribuer le numéro 1, ceux qui avaient rédigé un document avec l'un de ces coauteurs recevaient le numéro 2, etc. Résultat : la plupart des grands mathématiciens du XXe siècle ont un nombre d'Erdos compris entre 2 et 5. Mais l'influence d'Erdos va au-delà du cercle de ses confrères : Einstein a un nombre d'Erdos égal à 2, celui de Bill Gates est égal à 4, équivalent à celui de Noam Chomsky. Cela signifie que des personnages aussi dissemblables que ces trois individus ont été potentiellement influencés par Erdos. Cela signifie également que les tendances se diffusent d'autant plus aisément dans notre monde, que la modernité accroît la propension des hommes à s'influencer.

Chapitre V

LES TENDANCES :
UN PROCESSUS SANS SUJET

Les théories ontologiques des tendances, comme celles qui les associent à la domination d'une classe, ont un postulat méthodologique commun. Dans les deux cas, l'individu est considéré comme irrationnel. Pratiquement à son insu, il adhère à des modes parce qu'il y est contraint par l'époque ou par sa classe. Une autre manière d'appréhender les tendances existe. Elle consiste à analyser ce phénomène dans le contexte de sa genèse, dans notre époque – autrement dit, dans la perspective de la modernité démocratique. Les tendances constituent un processus sans sujet ; personne ne règne sur elles, aucun pouvoir d'influence n'est assuré de les gouverner, seules les décisions souveraines et non concertées des individus les façonnent. À cet égard, elles symbolisent la modernité.

I. – Tendances et gouvernement de l'opinion

C'est l'individualisme démocratique qui a engendré les tendances. Comme Tocqueville l'a souligné, la démocratie n'est pas seulement une forme de gouvernement ; elle est aussi un mode d'organisation de la société. Elle rend les individus formellement libres et égaux ; elle les émancipe des pouvoirs traditionnels, qu'il s'agisse de la monarchie ou de la religion. Mais cette autonomie débouche sur une situation paradoxale ; les individus se retrouvent sous le joug d'un nouveau pouvoir, aussi contraignant que le précédent : l'opinion. Les tendances incarnent les décisions de ce gouvernement de l'opinion.

1. Tocqueville et l'habit démocratique.

– S'il fallait résumer d'un mot le bouleversement introduit par la démocratie, ce serait celui d' « égalité ». Avant l'ère démocratique, la société reposait sur des bases formellement et réellement inégalitaires. Selon sa naissance, chacun recevait une religion, un métier, un conjoint – en somme, un destin. S'il s'en émancipait, il devenait une anomalie statistique. Aujourd'hui, plus rien n'empêche un individu de vouloir, voire de pouvoir, choisir son existence. Ainsi, la Révolution française a supprimé le costume impératif, et, avec lui, de nombreuses contraintes se sont transformées en choix possibles. Comme le soutenait Tocqueville : « Soyez assuré que, quand chaque homme croit pouvoir décider seul de la forme d'un vêtement ou des convenances du langage, il n'hésite point à juger de toutes choses par lui-même, et lorsque les petites conventions sociales sont si mal observées, comptez qu'une importante révolution a eu lieu dans les grandes. »[1] Cette liberté a probablement été conquise moins vis-à-vis du contrôle social que vis-à-vis de la coutume. Avec la société traditionnelle, s'est effondré un système où les pratiques évoluaient à un rythme très lent, imperceptible à l'échelle d'une génération. Jean et Marie régnaient sans partage sur les prénoms des nouveau-nés, les toits se divisaient entre tuile et ardoise, on mangeait à table des plats aux recettes fixées par les ancêtres. Désor-

---

1. Tocqueville, *De la démocratie en Amérique,* I, op. cit., p. 183.

mais, c'est un arbitraire collectif qui élit de manière éphémère la tendance du moment en matière d'architecture, de cuisine ou de prénoms.

L'arbitraire collectif bénéficie aujourd'hui d'une puissance dont aucun souverain n'aurait pu rêver. De multiples influences, des médias à la publicité, orientent le choix des individus mais aucune ne peut prétendre avoir le dernier mot. La multiplication des moyens de communication décentralisés rend impossible l'existence d'un lieu unique où se décideraient les tendances. Comme l'écrivait Tocqueville, « la société agit par elle-même et sur elle-même », car « il n'existe de puissance que dans son sein »[1]. Comprendre les tendances, c'est percer le mystère de la formation des goûts collectifs dans une démocratie, phénomène qui avait stupéfié Tocqueville : « À mesure que les citoyens deviennent plus égaux et plus semblables, écrivait-il, le penchant de chacun à croire aveuglément un certain homme ou une certaine classe diminue. La disposition à en croire la masse augmente, et c'est de plus en plus l'opinion qui mène le monde. »[2] L'opinion, c'est le verdict de ce processus sans sujet au pouvoir exorbitant. « Le public, explique Tocqueville, a donc chez les peuples démocratiques une puissance singulière dont les nations aristocratiques ne pouvaient pas même concevoir l'idée. Il ne persuade pas ses croyances, il les impose et les fait pénétrer dans les âmes par une sorte de pression immense de l'esprit de tous sur l'intelligence de chacun. »[3]

L'homme démocratique est né libre et partout il est soumis aux tendances. Comment expliquer ce para-

1. *Ibid.*, p. 56.
2. Tocqueville, *De la démocratie en Amérique*, II, *op. cit.*, p. 17.
3. *Ibid.*, p. 17-18.

doxe ? La contrainte a changé ; elle est devenue une autocontrainte. Dans une démocratie, la seule obéissance légitime est l'obéissance de soi à soi. En passant de la société traditionnelle au monde contemporain, l'individu devait cesser de vivre de manière hétéronome – autrement dit, sous l'emprise d'une loi venue du dehors. Et, cependant, cette autonomie semble en grande partie factice : comment expliquer qu'elle se solde par l'obéissance aux mêmes tendances ? Les hommes se sont-ils débarrassés de l'uniforme au profit de l'uniformité ?

2. Des choix individuels agrégés. – Comprendre les tendances, c'est comprendre la multitude de décisions individuelles qui les composent, et les conditions dans lesquelles elles sont prises. Chacune de ces décisions obéit à des motivations variées, depuis la recherche du plaisir et du jeu, jusqu'à la construction individuelle. Dans les sociétés occidentales, consommer, c'est, pour l'essentiel, satisfaire ce que Keynes appelait les besoins de « seconde classe », « ceux qui satisfont notre désir de supériorité »[1].

En se livrant à ce jeu social – se choisir un style, arborer des marques –, l'individu satisfait l'un des besoins essentiels de l'être humain : raconter des histoires, à soi comme aux autres ; être le narrateur dans certains cas, le lecteur dans d'autres. Ainsi que l'a souligné le philosophe Paul Ricœur, l'identité est inséparable d'une mise en récit. L'idée selon laquelle notre vie ne compterait pas, ou ne serait plus contée, provoque en nous un profond sentiment d'abandon.

1. J. M. Keynes, *Essays in Persuasion,* The Collected Works of J. M. Keynes, vol. IX, London, Mac Millan, 1972, p. 326.

3. **La similitude entraîne la similitude.** – Comment expliquer l'allure d'uniformité de nos sociétés malgré la diversité des choix à laquelle nous sommes confrontés ? Pour expliquer cet apparent paradoxe, le politiste Robert Axelrod a élaboré un modèle[1] reposant sur le postulat suivant : « La similitude engendre la similitude. »

Selon Axelrod, il existerait un mécanisme social qui amplifierait la convergence culturelle des individus ; un « feedback positif » accroîtrait la proximité des individus. Pour prouver cette assertion, il a examiné la manière dont les pratiques communes peuvent se diffuser d'une culture à l'autre, pourvu que les sociétés en contact soient voisines les unes des autres. À cette fin, il a modélisé la situation sous la forme d'un damier dans lequel chaque case représente un groupe de populations – une communauté ou un village. Chaque communauté possède des traits culturels spécifiques, par exemple une manière de se coiffer. Ces différents styles de coiffure, dans le modèle d'Axelrod, sont répertoriés. Il existe donc un spectre connu de variations possibles et chacune de ces spécificités est considérée comme équivalente. Par exemple, le chignon vaut les couettes qui valent la crête, etc.

Toutefois, selon le modèle de R. Axelrod, la diffusion des tendances ne conduit pas nécessairement à l'établissement d'une culture unique. En effet, le modèle peut envisager des états stables ou une différence culturelle existe et persiste. La préservation d'une différence de goût ou de comportement dépend principalement du nombre de choix possibles. Ainsi, dans une

1. Voir Philip Ball, *Critical Mass,* London, Arrow Books, 2005, pp. 431-433.

population de 100 communautés, si chacune d'entre elles doit choisir entre 10 types de coiffures, on assistera à la création de 3,2 tendances dominantes. Si l'on augmente le nombre de coiffures possibles jusqu'à 15, le nombre de tendances finales monte à 20. En revanche, s'il n'y a que cinq choix possibles à l'origine, les tendances disparaissent au profit d'une forme unique de coiffure. Dans le même ordre d'idées, d'autres chercheurs[1] ont montré qu'une société pouvait facilement se convertir à une nouvelle tendance. Selon ces travaux, le passage d'un choix restreint de tendances à un choix élargi n'est pas progressif mais, au contraire, brutal. C'est ce qui explique certaines ruptures spectaculaires auxquelles l'on assiste lorsque l'on passe d'une mode à une autre.

II. – Expliquer une somme de décisions individuelles

Décrire le processus sans sujet qui donne naissance aux tendances implique de formuler un modèle rendant compte des choix collectifs mis en œuvre dans cette opération. Les modèles quantitatifs formulés à cet effet n'ont guère donné satisfaction ; ils permettent cependant de mesurer la complexité de l'opération. Dans cette perspective, les contributions de Georg Simmel et John Maynard Keynes apparaissent comme les plus précieuses.

1. **Modéliser les tendances.** – Quelques tentatives de modélisation des tendances ont été menées, principalement dans les années 1970. De telles démarches

---

1. Ainsi Alessandro Vespignani, du Centre Abdus Salam, pour la physique théorique (Université de Trieste, Italie).

semblent avoir été abandonnées faute d'avoir donné des résultats probants.

Un exemple de cette démarche est fourni par le modèle développé par Christopher Miller, Shelby McIntyre et Murali Mantrala[1]. Celui-ci tente de comprendre le principal obstacle à la compréhension des tendances : le passage des décisions individuelles agrégées aux phénomènes collectifs. Pour y parvenir, l'hypothèse retenue tente de passer en revue les différents paramètres qui pèsent sur les choix individuels et façonnent, dès lors, les comportements collectifs.

Ce modèle envisage tout d'abord d'évaluer la manière dont les individus peuvent être influencés par les symboliques collectives ou bien par le regard des autres. Puis il prend en compte le conformisme vis-à-vis du groupe, le désir des individus d'être à la mode, ou bien encore leur comportement vis-à-vis du changement. De toute évidence, ces paramètres sont à ranger parmi les causes qui incitent un individu à adhérer à une tendance. Leur intégration au sein du modèle se complexifie par l'obligation de tenir compte d'un effet d'interaction. En effet, la compréhension d'une tendance doit tenir compte du fait que chaque individu influence la mode et est simultanément influencé par elle. Dès lors, une modélisation doit tenir compte du caractère dynamique et interdépendant des tendances qui bâtissent la mode. Le principe d'une telle démarche est aisé à décrire ; il semble en revanche bien difficile de le mettre en œuvre avec des éléments quantifiés.

---

1. Christopher Miller, Shelby McIntyre, Murali Mantrala, Toward formalizing fashion theory, *Journal of Marketing Research,* vol. XXX (mai 1993), p. 142-157.

2. **Simmel et les tendances de la modernité.** – C'est probablement à Georg Simmel (1858-1918) que l'on doit le plus convaincant des travaux de sociologie consacré aux tendances. Publié à Vienne il y a près d'un siècle, ce texte peut passer aujourd'hui comme prophétique. Selon Simmel, la mode, symbole de la modernité démocratique, pose la question du rapport entre l'individu et la collectivité. La *fashion victim* incarne une forme de paradoxe. En apparence, elle est en avance sur son époque ; en substance, elle devance ses contemporains en ayant adopté des formes qu'ils adopteront plus tard. Mais, en réalité, le meneur est le mené : son apparente autonomie masque son hétéronomie puisqu'il reçoit sa loi du dehors.

Dans le rapport aux tendances, la pression du groupe agit de manière paradoxale ; elle protège les individus des risques encourus par l'individualisme. La mode est pour nos contemporains une forme confortable ; elle le délivre, à l'instar de toutes les actions de masse, du sentiment de honte. Pour Simmel, il existe indéniablement un bénéfice psychologique dans le fait de suivre les tendances ; celui de délivrer l'individu des affres du choix, de le signaler non plus comme un être isolé mais au contraire comme la créature d'un groupe. Observant la société de son époque, Simmel explique la raison pour laquelle les femmes ont particulièrement développé leur goût pour la mode : « Les faibles, écrit-il, évitent l'individualisation, l'autonomie pratique avec son lot de responsabilités, avec la nécessité de se défendre seul par ses propres forces. »[1]

Dès lors, les tendances parviennent à concilier deux sentiments contradictoires présents dans la société : le

1. Georg Simmel, La mode, *La tragédie de la culture,* Paris, Rivages Poche, « Petite bibliothèque », 1988, p. 109.

besoin de distinction et le désir d'appartenance. À l'origine des modes, on trouve, bien sûr, l'imitation d'un modèle donné. Mais, dans le même temps, les tendances fabriquent de la démarcation. La mode dessine l'unité d'un groupe et sa rupture avec l'extérieur. C'est la raison pour laquelle la mode, selon Simmel, vient souvent de l'étranger, elle est fréquemment importée d'ailleurs. Les « différents », les monstres sociaux, ont d'autant plus de facilité à inventer la mode qu'ils ne partagent pas les appartenances moyennes d'une société. Puisqu'elle répond à un besoin social spécifique, la mode s'autorégule. C'est pourquoi on ne peut trouver aucun motif, selon Simmel, dans ses créations qui soit susceptible de répondre à une finalité objective, esthétique ou autre ; en ce sens, les tendances sont pur caprice. Impossible d'attribuer une logique à une tendance ; la « totale indifférence de la mode à l'égard des normes de la vie » empêche, selon Simmel, d'attribuer une mode à un air du temps, ou à toute autre cause sociale, extérieure à la mode.

Enfin, Simmel se livre à des prévisions sur l'évolution des tendances qui, rétrospectivement, ont toutes été vérifiées. En premier lieu, il considère que la mode est une bonne manière de juger de l'état de « nervosité » d'une société. Plus l'époque est fébrile, plus les changements de mode sont légion. Il l'observait déjà en son temps, notant par exemple que la cigarette tendait de plus en plus à supplanter le cigare. Car, sous l'apparence de légèreté, la mode révèle les structures véritables de la société : elle révèle la violence des mouvements par lesquels le corps social se compose et se recompose. Voilà qui pourrait nous permettre de mettre en relation l'attrait pour la mode et la crise anthropologique qui caractérise notre modernité.

En effet, le rythme de plus en plus rapide des changements de mode peut être perçu par les individus comme une injonction au changement. L'individu veut changer pour suivre la dernière mode ; toutefois, il lui est bien difficile aujourd'hui de se distinguer. En effet, avec la démocratisation des sociétés, les individus sont de plus en plus semblables entre eux. Du coup, il est de plus en plus difficile pour les individus de se distinguer les uns des autres. C'est pourquoi, explique Simmel, plus les classes sociales sont proches, plus âpre est la course à l'imitation, en bas, et la fuite vers la nouveauté, en haut.

Bien entendu, un objet doté d'une telle importance sociale ne pouvait pas échapper à l'économie. Cet intérêt a profondément changé la nature de la mode. Naguère, explique Simmel, les tendances étaient les conséquences des caprices des puissants, qui, en fonction de leurs idiosyncrasies, lançaient des vogues. Ainsi, au XVIe siècle, l'engouement pour les chaussures à la poulaine avait pour origine un noble aux pieds déformés. Mais, aujourd'hui, la mode est l'entreprise délibérée de l'appareil productif. Les consommateurs se retrouvent spontanément d'accord avec les industriels qui réclament, « à des intervalles de temps donnés, une nouvelle mode ». Un tel phénomène de renouvellement peut avoir un effet contraire à la démocratisation des tendances : comment acquérir la dernière mode si celle-ci change de plus en plus vite ? D'où la prédiction suivante : « Plus un article est soumis à de rapides changements de mode, plus le besoin se ressent de produits bon marché de son espèce. » Par cette phrase, Simmel venait d'envisager la naissance des Ikea, Zara et H & M, entreprises qui sont la conséquence de la démocratisation des tendances.

3. Keynes et le concours de beauté.

À l'origine, la parabole du « concours de beauté » a été formulée par Keynes pour décrire le comportement des investisseurs sur le marché boursier. Mais elle fournit aussi un modèle très utile à la compréhension des tendances.

Le principe du concours de beauté keynésien est le suivant : les participants doivent choisir, parmi six visages, non pas celui qui leur plaît le plus, mais celui qui obtiendra le plus de suffrages parmi les participants. Le jeu consiste donc non pas à agir selon ses goûts, mais à anticiper les goûts majoritaires. Cette épreuve place les candidats dans une position inédite : il leur faut oublier leur propre opinion. Après avoir mis de coté leur propre avis, il leur faut deviner le visage le plus propre à recueillir le suffrage de tous, chaque participant au concours envisageant le problème sous le même angle. En somme, nous dit Keynes, le concours de beauté oblige à raisonner « au troisième degré ». Pourquoi troisième ? Eh bien, le premier degré de raisonnement est celui que nous dictent nos goûts. Le second est une tentative de deviner la moyenne des goûts individuels. Puis vient le troisième degré, où « l'on emploie ses facultés à découvrir l'idée que l'opinion moyenne se fera à l'avance de son propre jugement »[1]. Et Keynes d'ajouter : « Il y a des personnes, croyons-nous, qui vont jusqu'au quatrième ou au cinquième degré ou plus loin encore. » Un casse-tête à résoudre reposant sur le principe du : « Je pense qu'il pense que je pense, etc. »

Cette parabole keynésienne contredit le sens commun selon lequel il faut investir, en bourse, dans les entreprises les plus performantes. Pas du tout, ré-

---

1. John Maynard Keynes, *Théorie générale de l'emploi, de l'intérêt et de la monnaie* (1936), chap. XII.

torque l'économiste : face aux cours boursiers, le sage et l'ignorant sont placés sur un pied d'égalité ; ils ne savent rien ou presque. La bonne solution ne se trouve pas en eux-mêmes mais dans la représentation qu'ils se font des opinions d'autrui. « Sachant que notre propre jugement individuel est sans valeur, nous nous efforçons de nous en remettre au jugement du reste du monde [...]. Nous essayons donc de nous conformer au comportement de la majorité ou de la moyenne. À ce petit jeu, celui qui gagne, c'est évidemment celui qui devine ce que la foule va faire. »[1] Le concours de beauté nous enseigne donc qu'il vaut mieux avoir tort avec les conventions plutôt que d'essayer d'avoir vainement raison contre elles.

Toutes les personnes concernées par les tendances se livrent, le plus souvent sans le savoir, à un concours de beauté. Chaque fabricant d'objet susceptible de devenir tendance doit tenir compte de l'avis des distributeurs, lesquels se doivent de percer les attentes des consommateurs. Ainsi, le producteur de denim doit anticiper la demande sur son produit, le fabricant de jeans imaginer les formes que ce pantalon devrait avoir pour être à la mode, et le distributeur savoir si un tel produit est capable de recueillir les faveurs des consommateurs. À l'autre bout de la chaîne, c'est justement le consommateur qui se livre à un concours de beauté, essayant de deviner quelles seront les tendances de la rentrée prochaine.

Au bout du compte, le mécanisme du concours de beauté suggère deux conclusions. En premier lieu, il n'est pas possible d'anticiper avec certitude quelle sera la tendance prochaine. Pour le deviner à coup sûr, il

1. John Maynard Keynes, The general theory of employment, *Quarterly Journal of Economics,* vol. 51, 1937, p. 210.

faudrait être capable de prévoir l'issue du concours de beauté. Or, par nature même, ces résultats sont particulièrement complexes à anticiper : comment savoir si les protagonistes raisonnent, comme le dit Keynes, au second, troisième ou quatrième degré ? « Sur ces sujets, explique l'économiste, il n'existe aucune base scientifique permettant de calculer les probabilités respectives. Nous sommes tout simplement incapables de savoir. » Seconde conclusion : dans ce contexte d'incertitude, l'imitation n'est pas un comportement étrange, propre aux suiveurs. Chacun épie son voisin pour tenter de découvrir quelles options il prendra pour la collection prochaine. En règle générale, l'imitation est perçue comme un comportement irrationnel. Ici, ce n'est pas le cas. Cette attitude est même complètement rationnelle ; elle est parfaitement adaptée à l'exercice d'anticipation requis. Du coup, dans le domaine de la mode, spéculer, c'est imiter. C'est pourquoi une tendance gagnante peut éclipser toutes les autres. Une forme, une couleur ou une saveur a d'autant plus de chance de l'emporter sur ses rivales que l'on pense à un moment donné qu'elle sera largement gagnante par rapport aux propositions concurrentes.

Chapitre VI

PRÉVOIR ET UTILISER
LES TENDANCES

Pour les acteurs économiques, prévoir les tendances peut se révéler vital. Cette nécessité a inspiré une tirade célèbre du film *Le diable s'habille en Prada*[1]. Miranda Priestley, personnage inspiré d'Anna Wintour, rédactrice de l'édition américaine du magazine *Vogue,* y déclare : « Vous regardez dans votre placard et vous choisissez cet espèce de pull-over difforme, mais ce que vous ignorez, c'est que ce pull n'est pas juste bleu, il n'est ni turquoise ni azur, c'est un bleu que l'on appelle céruléen et vous êtes aussi parfaitement inconsciente du fait que en 2002 Oscar de La Renta a présenté une collection de robes cérulénnes et que c'est Yves Saint Laurent qui a créé les vestes militaires bleu céruléen... Et puis le céruléen est vite apparu dans les collections de huit couturiers différents, il s'est ensuite infiltré peu à peu dans les lignes de prêt-à-porter. » Et de conclure par ces mots : tout cela concerne des milliers d'emplois, soulignant l'enjeu représenté par les tendances. Malheureusement, aucune méthode ne permet à coup sûr d'imposer une tendance. Contrairement à une opinion commune, les individus ne se laissent pas aisément manipuler.

1. Le film est tiré du livre de Lauren Weisberger, *The Devil wears Prada,* New York, Harper, 2003.

I. – Les échecs du manipulationnisme

Selon une conviction répandue, nous serions contraints, le plus souvent à notre insu, de suivre les tendances. Cette idée a été popularisée dans les années 1950 par un best-seller de Vance Packard[1] qui lui a donné un nom : le « manipulationnisme ». D'après Packard, les publicitaires allaient jusqu'à glisser dans leurs annonces des messages subliminaux. Aujourd'hui nous savons que les messages subliminaux n'ont aucune influence sur la psyché humaine. Cependant, les conceptions manipulationnistes remportent toujours un certain succès. L'hypothèse d'un complot des tendanceurs, d'une manœuvre secrète des industriels, qui nous conduirait à acheter le superflu, ou à désirer la dernière nouveauté, est une idée très en vogue. Un examen des faits suffit pourtant à infirmer cette croyance.

1. Pouvoir des producteurs, pouvoir des consommateurs. – Certains hommes de marketing aimeraient peut-être prétendre le contraire ; mais aucune technique ne peut contraindre aujourd'hui les consommateurs à suivre une tendance.

La publicité peut orienter les goûts des individus ; elle ne les dicte pas. En 2000, un Américain était exposé quotidiennement à 254 publicités[2], 25 % de plus que dans le milieu des années 1970. Depuis, avec la publicité sur Internet et sur téléphone mobile, tout porte à croire que ce nombre n'a fait qu'augmenter. C'est pourquoi aucun publicitaire ne peut être certain

---

1. Vance Packard, *The Hidden Persuaders,* London, Longmans, 1957.
2. Étude Media Dynamics (2001).

de s'approprier le temps de cerveau disponible des individus. Des dépenses inouïes d'argent peuvent ainsi être perpétrées en pure perte. Coca-Cola a eu beau payer 33 millions pour sponsoriser les JO d'Atlanta en 1992, 12 % des téléspectateurs comprirent qu'ils en étaient le sponsor officiel, tandis que 5 % pensèrent qu'il s'agissait de Pepsi.

Dans une société moderne, les individus conservent leur part d'autonomie. Une étude[1] avait d'ailleurs cherché à analyser les réactions des femmes par rapport aux tendances, en prenant comme critère la longueur des jupes. Ses résultats montrent que la plupart des femmes ne suivaient pas servilement les tendances. Lorsque les jupes raccourcissent ou s'allongent, ces femmes suivent le mouvement en l'atténuant. Ainsi, une femme de 1,70 m confectionnait l'ourlet de sa jupe à 45 cm du sol en moyenne, tandis qu'une femme de 1,60 m optait pour un ourlet à 40 cm. C'est ce va-et-vient entre certains modèles et leur adaptation par les individus, cette négociation sans parole, qui fabrique les tendances. Ce processus perpétuel permet à la mode d'échapper à toute logique triviale.

Cette autonomie s'accentue encore avec les nouvelles techniques de communication. Les forums, salons de discussion et autres blogs jouent un rôle grandissant dans la manière dont les individus se forgent une opinion. C'est particulièrement le cas pour les produits techniques : une console de jeu vidéo donne lieu à des milliers de commentaires par les utilisateurs au moment de sa sortie. Ceux-ci sont lus et passent souvent comme plus crédibles que ceux de la presse spécialisée. Quelques marques ont été tentées d'orien-

1. N. K. Jack, B. Schiffer, The limits of fashion control, *American Sociological Review*, vol. 13, n° 6, déc. 1948, p. 730-739.

ter ces forums, mais la variété des participants rend l'entreprise pratiquement impossible. Dans le domaine de la mode, les blogs consacrés aux styles vestimentaires se multiplient. Là aussi, ils contribuent à façonner l'opinion de manière inédite.

Aucune martingale ne permet aux industriels d'imposer leurs tendances. Les consommateurs préparent sans cesse des surprises aux producteurs. Ainsi, le visiotéléphone n'a jamais convaincu, tandis que le SMS que l'on n'attendait guère a eu le succès que l'on sait. Les 4 × 4 se vendent fort bien aux États-Unis comme en Europe. Toutefois, les « pick-up », ces 4 × 4 dotés d'une benne, n'ont jamais réussi à s'imposer en France. Enfin, dans le domaine du parfum, 300 nouveaux produits voient le jour chaque année mais seule une poignée d'entre eux parvient à s'imposer.

2. **Ces produits tendance qui échouent.** – Plus surprenant encore, certains produits en phase avec les tendances peuvent rencontrer l'échec commercial. Voici deux exemples caractéristiques.

L'Avantime de Renault incarne un bon exemple d'échec commercial dans le domaine automobile. Pourtant, en apparence, le véhicule était parfaitement en phase avec les tendances. Cette voiture lancée par Renault en 1999 partait d'une logique simple : puisque les Français aimaient les coupés et achetaient des monospaces, il devait exister un marché pour un « coupéspace ». Conscient de la difficulté de lancer un modèle sur le segment du haut de gamme, Renault estimait pouvoir en vendre 15 000 par an. En réalité, la première année, le constructeur ne parvint qu'à en vendre 5 000. Cet étrange engin ne parvint pas à bousculer les tendances classiques du haut de gamme, selon lesquelles une automobile doit être une berline statutaire à trois volumes, à l'instar des modèles allemands.

Autre exemple, dans le domaine de la diététique : la marque Slim Fast a pu voir son chiffre d'affaires diminuer de 1 milliard de dollars en 2002 à 450 millions en 2004[1]. C'est que la diététique est à coup sûr une tendance d'usage mais à l'intérieur de cette pratique coexiste une multitude de régimes eux-mêmes soumis aux modes. Or, en 2003, une nouvelle tocade s'empare des candidats américains à l'amaigrissement : celle du régime Atkins avec des produits *low carb,* pauvres en glucides mais pas en calories. Pendant quelques mois, les dirigeants de Slim Fast n'ont pas cru en cette mode. Du coup, quand celle-ci s'est généralisée aux États-Unis puis dans d'autres pays, Slim Fast était incapable de résister à ses concurrents déjà présents sur le marché du *low carb*. Début 2004, l'entreprise décide enfin de se lancer sur le créneau. Trop tard : la mode du régime Atkins était en train de s'essouffler : de nombreux nutritionnistes l'accusaient alors de provoquer des déséquilibres susceptibles de nuire à la santé.

II. – Analyser et récupérer les tendances

Les échecs commerciaux sont souvent interprétés comme la conséquence de la méconnaissance des tendances. C'est pourquoi le secteur du conseil en tendance est aujourd'hui florissant.

1. **Les bureaux de style aujourd'hui.** – Depuis sa création par l'agence *Mafia,* le conseil en tendance est devenu une activité économique à part entière. La plu-

1. *Capital,* octobre 2005.

part de ces agences ont conservé une trace de leur métier d'origine : conseiller l'amont de la filière mode – autrement dit, les filateurs et les fabricants de tissu. C'est pourquoi ils se penchent d'abord sur les couleurs, puis sur les matériaux pour finir par s'intéresser aux formes. Leur travail s'organise autour d'équipes créatives composées de directeurs artistiques et de stylistes, parfois confrontés à des personnes extérieures à la mode – sémiologues, sociologues ou historiens de la mode. L'activité principale de ces agences est la vente de « cahiers de tendance ». Ces cahiers se présentent sous la forme de luxueux guides créatifs mêlant gamme de couleurs, croquis, échantillons de matières, textes et concepts. On y découvre des thèmes, des suggestions de gamme, des propositions de styles. Par exemple, il peut s'agir du thème « pulpeuse-voluptueuse » qui évoquera des décolletés puissants ou des enroulés sensuels. Ou bien encore, il pouvait s'agir d'un thème « séduction » décliné de deux manières, « intimiste » ou *show off*.

Traditionnellement, les bureaux de style avaient pour vocation de fournir des guides d'anticipation créative à leurs clients. Ces derniers, principalement situés dans la mode textile et les cosmétiques, trouvaient des conseils pratiques sur ce qui allait se passer deux ans plus tard. Toutefois, cette périodicité principale est en train d'évoluer, avec la nécessité de proposer des « actualisations ». Ainsi, aux côtés d'une période longue, des laps de temps plus courts, de trois à six mois, sont proposés donnant des conseils opportunistes sur la saison en cours. Bien entendu, les deux démarches diffèrent. Anticiper à deux ans la tendance suppose un travail créatif véritable, la définition, à l'intérieur de ces agences-conseils, de plans de collection articulés autour de thèmes, destinés à une large gamme de clients potentiels, de la grande distribution à de petites marques qui souhaitent renforcer leur équipe de créatifs. *A contrario,* les anticipations de trois à six mois se limitent bien souvent à des photos prises dans des lieux à la mode, donnant une idée de l'air du temps, à une lecture attentive de la presse mode et de ses pages *people*.

À l'évidence, prévoir les tendances ne repose sur aucune méthode analytique. Chaque agence possède ses propres recettes de fabrication, mais, au-delà de ces singularités, une même démarche se retrouve dans ces différents cas. En premier lieu, un cadre composé de mots clés censés définir l'époque est mis en place. Celui-ci comprend des termes très larges, parmi lesquels on peut trouver « rébellion », « féminité », « écologie », etc. Pour habiller ces mots, les concepteurs des cahiers de tendances se livrent à un exercice de veille. Leur inspiration, ils la puisent parmi les créateurs de mode mais aussi dans des domaines connexes, au premier rang desquels se trouve l'art contemporain. Une attention particulière est prêtée aux milieux d'avant-garde censés révéler la tendance du lendemain. Enfin, de nombreux « shoppings » sont organisés qui permettent de trouver des idées de par le monde, dans des domaines qui ne sont pas tous ceux du textile.

Très éloignés du discours de certains gourous de la mode, les cahiers de tendances délivrent aux professionnels du secteur des indications précises pour leur permettre de bâtir leur collection. Anticipent-elles de manière pertinente les tendances ? Dans certains cas, ils y parviennent du fait du caractère « autoréalisateur » de ces prévisions. Fournissant une source d'inspiration commune à de nombreux créatifs, les quelques noms qui comptent dans le domaine contribuent à façonner les tendances. Les esquisses de modèles qu'elles proposent sont utilisées comme des « snacks créatifs » par les bureaux de style.

Parviennent-ils à deviner les tendances du lendemain ? La multitude des propositions qu'ils formulent et le grand nombre des solutions retenues rendent le test pratiquement impossible. Toutefois, dans leur obligation d'apporter chaque saison de nouvelles tendances, ils encouragent à coup sûr l'innovation. On ne peut pas forcément en dire autant de certains services qui viennent d'être lancés sur Internet, à l'instar de WGSN.

2. **Le « big brother » des tendances.** – Qui peut scruter en permanence la planète mode ? Repérer vingt-quatre heures sur vingt-quatre la nouvelle vitrine réalisée à Milan ou faire un shopping à Bombay ? Ce qu'aucun consultant en style ne pouvait faire, WGSN désormais le revendique. Sous cet acronyme se cache une société nommée Worth Global Style Network fondée en 1998 par Julian et Marc Worth, qui est devenue le premier site en matière de tendance, laissant ses concurrents – « Stylesight », par exemple – loin derrière lui. À la manière d'un fil d'information financière, le site internet de ce service prodigue en permanence à ses abonnés un panorama des tendances du moment.

Ce tableau des tendances en continu passe tout d'abord par une veille rendue possible par des bureaux présents sur tous les continents. WGSN rend compte des principaux événements de la mode – salon ou défilé, par exemple – restitués dans des délais très brefs. Des reportages dans les boutiques et les magasins suppléent aux traditionnels shoppings impossibles à réaliser en permanence. Enfin, le service propose ses analyses de tendances émergentes, notamment alimenté par une étude continuelle des milieux pointus, ou bien encore auprès de nouveaux créateurs. L'ambition de ce service auquel sont abonnées les principales sociétés situées de mode est de proposer au monde entier une analyse des tendances à court terme, entre trois et six mois, celles sur lesquelles repose l'actualisation.

Le recul manque pour mesurer les effets qu'un tel service pourrait avoir sur les tendances. Sa consultation suscite le vertige procuré par une information immédiate et exhaustive. Deux effets pervers sont à craindre si un tel système, comme on peut l'imaginer, se diffusait à l'avenir. En premier lieu, le rôle d'incitation à l'innovation que remplissent aujourd'hui les cahiers de tendances semblerait désuet face à ce service qui scruterait en permanence les nouveautés dans le domaine de la mode. En outre, les pessimistes redouteront que le monde de la mode, déjà enclin au narcissisme, se contente désormais de se regarder vivre au travers de ce circuit de surveillance prévu spécialement pour lui.

3. **Reproduire les tendances gagnantes : la méthode du circuit court.** – Puisque la prévision en matière de tendance est risquée, une méthode sûre consiste à reprendre les tendances qui se sont déjà imposées. Le succès des chaînes de vêtements, de Zara ou H & M, s'est édifié grâce à cette démarche. La méthode n'est pas nouvelle : elle a été élaborée dans les années 1960 dans les quartiers textiles des grandes villes – le Sentier à Paris ou la 7e avenue à New York. Dans ces lieux, une myriade de petites entreprises était organisée afin de disposer de la souplesse nécessaire à produire au dernier moment. Tandis que la plupart des industriels travaillaient un à deux ans à l'avance, proposant des collections, des commandes, utilisant

des stocks importants, le Sentier parisien, à l'instar de ses homologues, avait adopté une structure légère et réactive, adaptée aux changements de la demande.

Le triomphe commercial du circuit-court a de quoi désespérer les créateurs. Pour les Zara et autres H & M, il s'agit de privilégier les tendances au détriment de la créativité. Parce que l'originalité est risquée, elle devient, dans ce système, un vilain défaut. Les marques traditionnelles souhaitaient produire le plus tôt, et attirer l'attention sur le caractère inédit de leurs modèles ; le circuit court nourrit l'obsession opposée : produire le plus tard possible, afin de ne pas se tromper de tendance. L'ensemble de ce système repose donc sur la réactivité ; celle-ci a été rendue possible par de nombreuses entreprises sous-traitantes situées de par le globe, mais aussi par des efforts considérables sur le plan informatique et logistique afin d'orchestrer cette production.

Une fois ce système rodé, les risques de se tromper sont minimisés. D'une part, la décision tardive permet de saisir les formes et les couleurs plébiscitées par les magazines. Mais, surtout, le système de production de ces succursalistes leur permet de produire de petites séries et de remettre rapidement en fabrication, pendant la saison, en cas de besoin. Dès lors, l'exposition au risque est limitée à la petite quantité de vêtements produite à l'origine. Dans l'hypothèse où une erreur d'appréciation serait commise, celle-ci ne porterait pas sur la totalité du stock mais uniquement sur une courte série. Le mécanisme est désormais si bien rodé qu'il représente une stratégie incontournable pour les professionnels de la mode textile. Les plus grandes marques y ont recours ; elles se contentent de remplacer la notion, vulgaire, de « circuit court » par le terme, plus convenable, d' « actualisation ». Les plus grands noms de la mode internationale ont recours aux actualisations – autrement dit, mettent en vitrine, parfois en cours de saison, des modèles qui n'existaient pas sur leur plan de collection six mois auparavant. Cette nouvelle forme d'organisation a des conséquences tangibles : elle contribue notamment à accélérer encore le rythme de succession des tendances. Un exemple, dans les grands américains Nordstrom, pourtant peu réputés pour le caractère pointu de leur assortiment : le stock tourne 5,06 fois l'an en 2007, contre 3,7 fois en 2001[1].

III. – Créer malgré les tendances

Les créateurs et les industriels qui souhaitent innover ont développé des méthodes et des stratégies leur permettant de prévoir et d'anticiper les prochaines tendances. Comme on l'a vu, il n'existe aucune martingale permettant de deviner quelle sera la mode d'après. Toutefois, ces règles contribuent à minimiser les risques inhérents à la sortie d'un nouveau produit.

1. **Innovation incrémentale et loi de Poiret.** – En règle générale, les tendances évoluent de manière « incrémentale ». Les pratiques et les objets évoluent de manière lente et progressive et non de manière brutale. Dans le domaine vestimentaire, le caractère incrémental des tendances est aisé à constater. L'évolution du jeans respecte parfaitement ces évolutions progressives. Qu'il s'agisse de la coupe (large ou étroite), de la hauteur de la taille, de la présence de jambes étroites ou évasées, les modifications se font par étapes succes-

1. *Wall Street Journal,* 29 mars 2007.

sives. De la même façon, le devenir des automobiles, d'une génération à l'autre, représente des adaptations légères et successives autour d'une même base. Comme l'ont souligné certains échecs – par exemple, celui de l'Avantime –, une rupture radicale risque de désorienter le public. *A contrario,* les innovations incrémentales sont d'autant plus facilement acceptées par le public que celui-ci s'habitue progressivement aux nouveautés. Un rythme trop rapide risquerait avant tout de déboussoler les individus.

Comment passer d'une innovation incrémentale à une innovation de rupture ? Lorsqu'une tendance est devenue radicale, qu'elle ne peut plus évoluer sans tomber dans la caricature. C'est le sens de la règle énoncée par le couturier Paul Poiret, dans les années 1920, et qui semble toujours d'actualité. Selon lui, « tout excès en matière de mode est signe de fin »[1]. Poiret applique cette règle au cas des chapeaux. Bientôt, prophétisa-t-il, ils deviendront tous unis. Pourquoi cette prévision ? Parce qu'il s'était aperçu qu'ils « étaient alors couverts de feuilles, de fleurs, de fruits, de plumes, de rubans, et tout excès en matière de mode est signe de fin ». Avec humour, le couturier raconte avoir reçu une délégation d'industriels fabricants de fleurs, de fruits, de feuilles, de plumes et de rubans venant le supplier de rétablir la mode antérieure qui leur permettait de vendre tant de garnitures. Poiret avoua son impuissance, expliquant qu'il s'agissait là d'un désir de la clientèle contre lequel il ne pouvait rien.

L'une des plus belles applications de la loi de Poiret s'appelle « Cheap Monday ». Ce « lundi-là » est une

1. Paul Poiret, *En habillant l'époque,* Paris, Grasset, 1986, p. 212.

marque de jeans, présente sur le marché français depuis avril 2005. Une marque particulièrement prisée, puisque près de 500 000 pièces ont été écoulées en deux ans. Son succès, la marque le doit à son écoute attentive des conseils de Poiret. Lorsqu'elle analyse le marché français, elle remarque que les jeans « tendance » sont des pantalons taille basse, délavés et très chers : aux alentours de 200 €, parfois plus. Elle décide donc de lancer les siens qui seraient serrés, non délavés, à taille haute, le tout à un prix tout à fait abordable : 50 €.

2. **La loi de l'obsolescence.** – Autre technique, particulièrement valable pour les produits techniques : produire de l'obsolescence, faire du nouveau pour créer, par ricochet, du démodé. C'est le sens du conseil donné par Steve Jobs, le PDG d'Apple aux aficionados de la marque : « Si vous voulez toujours le produit le plus récent et le plus performant, alors vous devez acheter un iPod au moins une fois par an. »[1]

L'histoire de l'ordinateur personnel depuis l'apparition du premier IBM PC en août 1981 a été rythmée par une obsolescence planifiée. C'est pourquoi la liste des processeurs utilisés donne le tournis : le 286 « 16 bit » sorti en 1982 suivi par le 32 bit « 386 » trois ans plus tard, le 486 en 1989 et le Pentium en 1993. Cette frénésie obligeait concrètement les utilisateurs professionnels à renouveler leurs machines et les logiciels tous les dix-huit mois. Un ordinateur était censé durer quatre ans en 1997 ; en 2007, il devient obsolète deux ans après sa sortie. Résultat : en 2003, on estimait à 63 millions le

1. *NBC News,* 25 mai 2006.

nombre d'ordinateurs qui ont été purement et simplement jetés en Amérique du Nord ; ce chiffre augmenta à 315 millions deux ans plus tard[1]. Dans quel but ? Pendant toute la première phase de leur histoire le prix de ces machines demeura identique : les progrès techniques enregistrés étaient compensés par un accroissement constant des capacités des ordinateurs. Mais ce supposé accroissement des performances ne profitait pas toujours à l'utilisateur. En particulier pour l'utilisateur bureautique, cette dizaine de « révolutions incontournables » n'a pas entraîné plus de deux ou trois modifications d'usage. Les principaux paramètres – temps d'accès à l'ordinateur, rapidité d'exécution des commandes – n'ont, pour l'essentiel, pas varié. Pendant un temps, cette absence d'une augmentation tangible des performances perçues de l'ordinateur a même pu faire craindre que son invention n'entraînerait pas de gains de productivité – une remarque connue sous le nom de paradoxe de Solow.

La rapidité des cycles d'obsolescence en informatique est à ce point accentuée qu'elle a donné naissance à une observation empirique, la loi de Moore, du nom du cofondateur d'Intel. Selon cette règle, le nombre de transistors contenus sur un circuit intégré double, à coût constant, à une périodicité définie. Quelle période ? Là-dessus les avis divergent, certains parlent de dix-huit mois, d'autres de vingt-quatre. Mais, surtout, la vraie question est de savoir si la loi de Moore prévoit une évolution des techniques ou formule un souhait qui est celui des fabricants de techniques. En d'autres termes, s'agit-il d'une progression

1. *Irish Times,* 17 juillet 2006.

inéluctable ou d'un aiguillon destiné à orienter les efforts des fabricants de composants électroniques ? Rien ne permet de le savoir à coup sûr aujourd'hui.

IV. – L'avenir des tendances

Le gouvernement des tendances va-t-il devenir encore plus puissant ? Ou bien, au contraire, les modes vont-elles se multiplier, proposant des produits de plus en plus diversifiés ? Aujourd'hui, ces deux évolutions semblent coexister.

1. L' « effet Matthieu ».

– Les tendances sont injustes ; dans ce monde-là, le gagnant reçoit une prime. Un système qui consacre le succès est dominé, selon le sociologue Robert K. Merton, par l' « effet Matthieu », du nom du saint célèbre pour avoir déclaré : « À ceux qui ont tout, tout sera donné en surplus ; à ceux qui n'ont rien, tout sera ôté. »[1] Le *Winner take all*[2] – le gagnant prend tout – régit désormais les domaines les plus divers, depuis la mode textile jusqu'aux best-sellers. Combien de livres arborent fièrement un bandeau clamant : « Déjà 150 000 exemplaires vendus » ! Ils font ainsi la preuve que l'onction populaire passe aujourd'hui pour un critère de choix, mais aussi que le succès va au succès.

La puissance de l' « effet Matthieu » est conséquence des moyens de diffusion de masse – cinéma hier, télévision aujourd'hui. Comme l'ont souligné certaines études, la généralisation de la télévision au dé-

1. Robert K. Merton, *The Sociology of Science,* Chicago, University of Chicago Press, 1988, p. 445.
2. Cf. Robert Frank, Philip J. Cook, *The Winner-Take-All-Society,* Chicago, The Free Press, 2000.

triment d'autres médias tels que les journaux ou la radio a contribué à façonner un imaginaire symbolique homogène entre les individus[1]. En outre, la logique du « hit parade » prévaut désormais dans la plupart des entreprises de distribution. L'époque étant à la rationalisation des coûts, les producteurs comme les distributeurs limitent leurs assortiments aux articles qui se vendent le mieux ; un stock qui tourne est préféré à un assortiment exhaustif. Les systèmes informatiques le permettant, ce sont généralement les taux de rotation de stock qui déterminent les réassorts. Si un produit se vend, il est commandé à nouveau ; sinon, il est abandonné. Ce processus darwinien de sélection des meilleures ventes contribue à restreindre les choix proposés, et donc à articuler la mode autour de quelques tendances. La logique du « hit parade » est rendue possible, et poussée jusqu'à son paroxysme, avec la gestion informatisée des lancements de commandes et de fabrication. Mais elle existait auparavant sous une forme simplifiée par l'intermédiaire de la loi de l'économiste et sociologue Vilfredo Pareto (1848-1923). La plupart des commerçants ignorent le nom de cet homme mais connaissent le principe qu'il a forgé ; selon celui-ci, nombre de phénomènes sociaux sont soumis à une répartition de type 80/20. Transposé dans le domaine de la mode, ce ratio contribue à privilégier les 20 % d'articles censés réaliser 80 % du chiffre. Peu importe que cette règle soit rarement vérifiée empiriquement ; elle est considérée comme vrai *a priori* et, dès lors, possède des conséquences tangibles.

1. James Beniger, Does television enhance the shared symbolic environment ?, *American Sociological Review,* vol. 48, février 1983, p. 103-111.

2. Fin de Pareto et début de la « longue traîne » ? –

En octobre 2004, la validité de la loi de Pareto a été remise en cause par le journaliste Chris Anderson[1]. En substance, son idée était la suivante : dans l'économie traditionnelle, antérieure à Internet, les produits qui se vendaient le mieux constituaient l'essentiel du chiffre d'affaires des magasins, comme le laissait à penser la règle des 80/20. D'où l'idée de *long tail,* ou « longue traîne » : conformément aux statistiques, sur un graphique les plus grosses ventes constituent un pic puis celui-ci s'aplatit, donnant à voir une queue de plus en plus mince. Avec Internet, au contraire, la courbe change d'allure : le pic est moins haut, et la courbe gagne en épaisseur. Les meilleures ventes représentent désormais un chiffre d'affaires moins important au profit de ce qui était hier le fond de catalogue. Tandis qu'hier peu de produits constituaient l'essentiel des ventes, aujourd'hui et demain un grand nombre de produits vendus à peu d'exemplaires chacun pourraient représenter le gros du chiffre d'affaires.

À l'origine, la notion de longue traîne était censée impliquer un bouleversement de notre conception des tendances : moins de best-sellers, plus de niches. Mais, en réalité, les deux phénomènes semblent parfaitement coexister. Un exemple : la liste des best-sellers d'une librairie en ligne généraliste correspond pour l'essentiel à celle d'une librairie traditionnelle. Ce qui change, en revanche, c'est l'exploitation du fond de catalogue. Internet permet en effet au consommateur de bénéficier d'un choix infiniment plus large que dans un magasin du monde réel. Ainsi, dans un vidéoclub,

1. Chris Anderson, The long tail, *Wired,* octobre 2004. Cet article a donné lieu à un livre : Chris Anderson, *La longue traîne,* Paris, Pearson Education, 2007.

on trouve de 400 à 1 000 films ; sur son homologue virtuel, on peut en débusquer près de 15 000. Ce que la *long tail* nous permet de dire, c'est que la quasi-totalité de ces 15 000 films sera louée au moins une fois par mois. Une situation inédite, puisque, auparavant, ces films n'étaient tout bonnement pas disponibles dans le vidéoclub.

Reste une question : comment s'y retrouver parmi 15 000 films ? Dans un magasin traditionnel, un vendeur vous conseille, pas sur Internet. Ici intervient un mécanisme indispensable au bon fonctionnement de la longue traîne : le « filtrage collaboratif ». Cette expression, désigne un algorithme : ce programme informatique est capable de proposer à l'internaute des produits susceptibles de lui plaire. Pour déterminer ses goûts, il repère par exemple les films qu'il a déjà loués ou bien ceux qu'il a notés, lorsque le site propose de tels choix. Dès lors, c'est le consommateur lui-même qui « travaille » : son comportement permet au site de lui suggérer des produits qu'il n'aurait probablement jamais choisi seul, faute de disposer des connaissances suffisantes. Ces mécanismes permettent de cerner les goûts des individus au travers de segmentations de plus en plus fines. Comme si l'on venait d'inventer la notion de tendances individuelles.

CONCLUSION

Étudier les tendances permet de prendre conscience d'un certain nombre de contradictions propres à la modernité démocratique. Ainsi, nos contemporains sont libres et cependant tous se croient déterminés. La mode apparaît, à leurs yeux, comme l'indice le plus sûr de l'aliénation de l'individu aux contraintes sociales.

La croyance en l'existence d'une contrainte sociale puissante et mystérieuse constitue l'obstacle principal à la compréhension des tendances. Comprendre ce qu'est le goût à l'échelle individuelle ne pose guère de difficulté ; ce qui pose problème, c'est la transposition de cette question à l'échelle collective. Le sens commun refuse d'accepter l'idée selon laquelle les goûts collectifs n'ont pas de logique propre. C'est la raison pour laquelle, dès qu'il s'agit d'expliquer la genèse et la diffusion des tendances, fleurissent les théories du complot. Quoi de plus simple pour expliquer un comportement collectif que d'imaginer que celui-ci a été imposé ? L'idée que la mode puisse être un processus sans sujet est accueillie avec incrédulité. La complexification de nos sociétés renforce l'attrait de ces théories simplistes selon lesquelles les individus fonctionnent comme de simples marionnettes. Plus les phénomènes sont compliqués à déchiffrer, à l'instar des tendances, plus ces démarches semblent attirantes ; comme l'a souligné l'historien François Furet, « le complot recompose ainsi l'idée d'un pouvoir absolu, abandonné par le pouvoir démocratique »[1]. La croyance en un *Politburo* des tendances révèle l'incapacité d'imaginer un pouvoir dont l'influence se rencontrerait partout et son siège nulle part.

Ainsi, s'interroger sur la vie des tendances permet de rencontrer un principe essentiel à l'idée démocratique : le gouvernement de l'opinion. Les mécanismes par lesquels les volontés individuelles s'agrègent pour donner naissance à une volonté collective sont parmi les phénomènes les plus complexes à expliquer en sociologie. Pourtant, ils méritent d'être étudiés avec attention : la démocratie confère un prestige particulier aux désirs du grand nombre. Cela est vrai dans le domaine de la politique, comme dans celui des goûts. C'est pourquoi la sanction du public apparaît de plus en plus respectable et sa légitimité de moins en moins discutée.

Pour autant, les individus ne se reconnaissent pas encore comme l'unique source d'organisation sociale ; ils persistent à se croire les sujets d'une puissance énigmatique, une puissance vis-à-vis de laquelle ils seraient dans une dépendance radicale. Nostalgie de la monarchie absolue ? Incapacité à prendre conscience de son autonomie dans ses désirs et ses choix ? Toujours est-il que les hommes continuent à faire la mode tout en ignorant qu'ils la font.

1. François Furet, *Penser la Révolution française,* Paris, Gallimard, 1983, p. 79.

BIBLIOGRAPHIE

Pour mieux comprendre les tendances, il est indispensable de lire *Les Choses* de Georges Perec, livre écrit par un sociologue devenu romancier. Cela accompli, on trouvera dans les ouvrages suivants d'utiles approfondissements :

Travaux relatifs à la mode

François Boucher, *Histoire du costume en Occident*, Paris, Flammarion, 1996.
Yvonne Deslandres, *Le costume, image de l'homme*, Paris, Éditions du Regard, 2002.
Didier Grumbach, *Histoires de la mode*, Paris, Le Seuil, 1999.
Gilles Lipovetsky, *L'empire de l'éphémère*, Paris, Gallimard, 1987.

Analyses de la société démocratique

Alexis de Tocqueville, *De la démocratie en Amérique*.
Daniel Bell, *The Cultural Contradictions of Capitalism*, New York, Basic Books, 1996.
Charles Taylor, *Le malaise de la modernité*, Paris, Cerf, 2002.

Mieux comprendre la consommation

Colin Campbell, *The Romantic Ethic and the Spirit of Modern Consumerism*, Oxford, Blackwell, 1987.
Franck Cochoy, *Une histoire du marketing*, Paris, La Découverte, 2002.
Michel de Certeau, *L'invention du quotidien*, 1 : *Arts de faire*, Paris, Gallimard, 1990.
Lizabeth Cohen, *A Consumers' Republic : The Politic of Mass Consumption in Postwar America*, New York, Knopf, 2003.
Gary Cross, *An All-Consuming Century*, New York, Columbia University Press, 2000.
Nicolas Herpin, *Sociologie de la consommation*, Paris, La Découverte, 2004.
Thorstein Veblen, *Théorie de la classe de loisir*, Paris, Gallimard, 1970.

Sur la sociologie du goût

Pierre Bourdieu, *La distinction : critique sociale du jugement*, Paris, Éd. de Minuit, 1979.
Roland Barthes, *Mythologies*, Paris, Le Seuil, 1957.
Lucien Karpik, *L'économie des singularités*, Paris, Gallimard, 2007.
Georg Simmel, *La tragédie de la culture*, Paris, Rivages Poche, « Petite bibliothèque », 1988.

Sur les épidémies sociales et les réseaux

Albert-Laszlo Barabasi, *Linked : How everything is connected to everything else and what it means*, New York, Perseus, 2002.
Alain Degenne, Michel Forsé, *Les réseaux sociaux. Une approche structurale en sociologie*, Paris, Armand Colin, 1994.
Malcolm Gladwell, *The Tipping Point : How Little Things can make a Big Difference*, Boston, Brown, 2000.

TABLE DES MATIÈRES

Imprimé en France
par JOUVE
1, rue du Docteur Sauvé, 53100 Mayenne
avril 2010 - N° 507742M

JOUVE est titulaire du label imprim'vert®